Heinrich Johann von Jannau

Geschichte der Sklaverei und Charaktere der Bauern

Heinrich Johann von Jannau

Geschichte der Sklaverei und Charaktere der Bauern

ISBN/EAN: 9783743678002

Hergestellt in Europa, USA, Kanada, Australien, Japan

Cover: Foto ©ninafisch / pixelio.de

Weitere Bücher finden Sie auf **www.hansebooks.com**

Geschichte
der Sklaverey,
und Charakter
der Bauern
in Lief- und Ehstland.

Ein Beytrag
zur Verbesserung der Leibeigenschaft.

Nebst
der genauesten Berechnung
eines Liefländischen Haakens.

Geschichte und Charakter
der Bauern
in
Lief- und Ehstland.

Der ursprünglich eingebohrne Lief- und Ehstländer, ist das nicht mehr, wozu ihn die Natur erschuf, ein freygebohrner Mensch. Sein Recht ist durch die Zeit verjährt, so wie ein Stückchen Land gesezmäßig zu verjähren pflegt. Aber eben daher hat die Gewohnheit den Gedanken erzeugt, unser Bauer sey so gar der Seele nach, zu nichts anders, als zur Sklaverey gebohren.

Es ist wahr, sein Sinn geht in der Lage, in welcher er izund lebt, nicht weiter, als auf den heutigen Tag, und seine Sorge schränkt sich bloß auf die niedrigsten Gegenstände ein: Essen, Trinken und Ruhe, sind izt sein Glück, sein Reichthum, und sein Seegen. Aber ist der Bauer würklich mit diesem eingeschränkten Sinn allein gebohren? oder zwang ihn das feine Raffinement seiner Herren dazu?

Dieß ist der Gegenstand, den ich zu bearbeiten hiedurch unternehme. Ich mache keine allgemeine Beschreibung, auch will ich keine ganz vollständige Geschichte liefern, sondern was die wenigen von einem zur Verachtung herabgewürdigten Volk vorhandenen Nachrichten lehren, werde ich aus der Geschichte, vornemlich aus Urkunden, samlen, nach Gesezzen ordnen, und bis zu den neuesten Zeiten desselben Begebenheiten, doch bloß soweit es meine Absicht erheischt, in einem kurzen Auszug erzählen: dann folgere ich aus diesen Prämissen, die Würkung, warum nemlich der Charakter unserer Sklaven so und nicht anders seyn kann; und ziehe aus diesem allen das Resultat, wodurch eine wahrscheinliche Verbesserung des bis izt ungebildeten,

und

und beynahe ganz verdumten, Bauern bewürkt werden könne.

Die Gewohnheit wird freylich einen Starrsinn gegen mich rege machen, den der Wiederspruch noch mehr erhebet, welchen die versuchte Verbesserung des Sklaven in allen Ländern erdulden muß, wo man Knechte als einen Reichthum ansiehet. Aber es ist unser wahrer Vortheil, wenn wir zur Kultur der verworfenen Bauern etwas beytragen; es ist Werk der Menschlichkeit, auch den verachtetesten Theil unserer Einwohner zu veredlen; es ist Pflicht der heiligsten Religion, die zu bilden, die ganz Unser sind. Und hiemit schreite ich zu der

Geschichte der Leibeigenschaft in Lief- und Ehstland.

Die ersten Zeiten verliehren sich in völliger Ungewißheit, und vor dem eilften Jahrhundert kennen wir die Letten noch gar nicht, und die Ehstländer kommen in den rußischen Annalen unter dem Namen der Tschuden vor. Jaroslav mit dem Taufnamen Jurij besiegte sie 1030 und baute Dorpat, um dort die Steuern von ganz Liefland einzunehmen. Ehe nicht als zwischen 1170-86 wird uns unser Vaterland bekandt.

Damals vertheidigten Abentheurer Trug und Eigennuz, mit dem geheiligten Namen der Religion. Denn Kaufleute waren die ersten Entdekker, die durch den Geist der damaligen Zeit, Kreuzzüge veranlaßten; und der Pabst gab Invaliden, die nicht nach Jerusalem gehen konnten, *) das Recht, in Liefland seine Hierarchie zu gründen. So ward in ganz kurzer Zeit das Schiksahl sehr vieler Menschen entschieden, die durch manche Veränderungen, bis zu der traurigsten Verachtung abgewürdigt sind.

Die geharnischten Mißionärs fanden bey ihrer Ankunft ein Volk, das roh, wie seine Freyheit war. Noch schafte ihm keine innere Verbindung ein allgemeines Interesse, oder vereinigte es gegen seinen Feind. Zwar beherrschte es sich selbst; aber zahlte dennoch nach Kriegesrecht, seinen Nachbaren und izigen Beherrschern, den Russen, förmlichen Tribut. **) Allein die Regie-

―――――――――――

*) Arndts Chronik Th. 1.
**) Arndts Chronik Th. 1. S. 98.

gierung dieses Landes war, wie sie noch izt bey den kleinen entstehenden Völkerschaften, in den entfernten Welttheilen zu seyn pflegt, — das Regiment eines Heerführers. Sie wählten sich wahrscheinlich den klügsten und den tapfersten zum Anführer, und folgten seinem Willen. So redet die Bauer-Sage in der Insel Oesel noch izt von einem Wannem, Namens Tölle, der in einem Treffen sein Kriegesheer, und seine Burg Töllust, welche izt ein Landguth ist, verlohr; noch heut zu Tage ehren ihn seine dasigen Brüder wegen seiner Tapferkeit, und seiner Leibesgröße. *) Dieß bezeugen ferner noch die ersten kleinen Kriege, die bloß mit einzelen Familien gewesen sind. Unsere Chroniken nennen zwar die Könige von Treyden, die Gegenden von Leenwarden; aber nach genauerer Erwägung waren es bloß einzele zusammengeraffte Familien, die sich in abgelegenen Gegenden angebaut, und eingewohnt hatten.

Aus eben diesem Grunde hat auch weder der Lette noch der Ehste ein eigenes Wort für

*) Hupels Topographische Nachrichten von Liefland Th. 3. S. 357.

für einen König. Wannem (das heißt nach seiner Abstammung von wanna alt, ein Alter,) nennt der Ehste seine Obrigkeit und jeden Vorgesezten, wenn er unter sich redet; und Waldischana (d. i. Gebietiger von Walsts ein Distrikt, Gebiet,) der Lette seine Herren. Ein Zeichen, daß der Lette schon frühe Kriegesjoch gefühlt haben muß, denn das Wort selbst zeigt von Herrschaft; aber auch ein sicherer Beweiß, daß eben darum, weil noch keine Politik oder Interesse galt, der mannhafte, erfahrne, kluge Alte, Heerführer seiner Freunde und Verwandten war. So wurden vielleicht verschiedene Familien vereint, und verbrüderten sich so, daß der Name sehr naher Verwandschaft, noch izt bey den Letten nicht zu finden ist. Ihm sind Neffe und leiblicher Bruder gleich, beyde heißen meeßigi Brahli, und wo nur respectus parentelae vorhanden ist, da ist Vater oder Mutter. *) Selbst das Eigenthümliche beyder Sprachen verräth diese Verbrüderung dadurch, daß der Lette sowohl, als der Ehstländer, allezeit von sich selbst

---

*) Stenders lettische Grammatik S. 146.

selbst im Plurali reden. „Wir wollen dieß oder jenes thun,‚‚ sagt der Bauer, wenn er mit seines Gleichen redet; und dieß bezeuget für den Nachdenkenden, wie nahe sie, im ersten Anfange zusammen gelebet haben, wie alles gleichsam zu einem Stamm gehöret, und in einer Familie gestimmt habe.

Handel und Schiffarth verbanden besonders die Einwohner in der Wick, mit Soldatenmuth. Ueberhaupt waren die Ehstländer, bey den ersten Einfällen der Kreuzritter, braver als die Letten. Sie wohnten damals schon in Dörfern, und hatten also absichtlich zur Vertheidigung sich verbunden; dahingegen die Letten einzeln und verstekt lebten. Vielleicht entstand daher bey ihnen der stolze Gedanke, den Namen des berühmten Vaters als einen Vornamen zu gebrauchen. Denn der Ehstländer verbindet jederzeit mit seinem Taufnamen, so wie der Araber, den Namen seines Vaters, und nennt sich selten nach seinem Gesinde. Auf kleinen Kähnen waren sie Kaper in der Ostsee, und die Oeselaner streiften, obgleich sie keinen Kompaß hatten, weit herum. Zuweilen mögen sie den

Schweden sehr gefährlich gewesen seyn; wenigstens verbrandten sie 1186 Sigtuna. Kein Wunder also, daß die Ordensritter 1213. in der Wiek, wie die Chronik sagt, mehr denn 3 liefländische Talente Silber erbeuteten.

Hiedurch ist es mir sehr wahrscheinlich, daß das Volk der Liwen, das sich noch izt bey Salis und an dem Angerschen Strand in Kurland, in sehr geringer Anzahl befindet, nichts anders, als ehstnische Konkeranten aus der Wiek sind. Ihre Sprache ist erweislich ehstnisch, nur durch die Länge der Zeit verdorben und ausgeartet; die Gegend, die sie bey Salis bewohnen, hieß damals Metsepole d. i. Waldseite, und ist noch izt sehr waldigt, und grenzt gegen die Wiek; auch bestätigt der noch izt merkliche Haß der Letten gegen die Ehsten diese Meinung. Iggauns Ehstländer, ist noch ein gewöhnlich verächtliches Schimpfwort unter den Letten, welches vielleicht auf die Frevel und Streitigkeiten aus dem grauen Alterthum, deuten mag.

Keine Schreibekunst zeichnete aus diesen Völkern ihre Annalen auf, und kein
Mau-

Maurer baute ihnen Palläste. Die Letten müssen gar selbst ihre Hütten ohne Grundsteine aufgekazt haben. Denn die Semgallen wollten die ersten Gebäude der Ordensritter mit Strikken wegziehen. Meinhard, der erste Priester in Liefland, zeigte ihnen die erste Maurerkunst, und heiligte in Lettland die erste Vestung, dazu Gottland die Handwerker gab. Doch hatten die Ehsten bereits in Leal Verschanzungen von Holz. *)

Wattmal, eine Art sehr schlechten Bauer-Tuches, war damals, so wie izt, ihre Kleidung; und Salz holten sie aus Gottland. Sie lebten von dem Akkerbau, samleten Honig und auch Hopfen, hatten Pferdezucht, und besoffen sich in Meth.

Ihre Religion hatte den Charakter ihrer Zeit, und war kriegerisch. Die Lanze war ihnen ein Zeichen des Friedens, und ihre Feinde opferten sie dem Gözzen, den sie durch das Loos befrugen. Sie traten auf ihre Schwerdter, und das war Eidschwur. Die Weiber opferten sich zuweilen

*) Arndts Chronik Th. 1. S. 110.

len bey dem Grabe ihrer Männer, und alle wütheten viehisch gegen die Gefangenen. *)

Soviel lehren uns unsere Chroniken von den ältesten Einwohnern dieser Länder; und die Sprachen beyder Nationen zeigen von der Gewalt des Aberglaubens. Beyde, der Lette sowohl, als der Ehste, unterscheiden genau mit Worten zaubern (lettisch puulma ehstn. lausuma) und hexen (lett. burt ehstn. noidma.)

Es ist freylich äusserst wenig, aber es charakterisirt doch etwas die ersten Einwohner dieser Länder, deren Geschichte in verschiedene Perioden zerfällt.

I Periode von 1187 bis 1229.

Es streifen Mißionärs in beyden Ländern.

Bremer Kaufleute brachten, wie gesagt, die erste Kundschaft nach Hause. Das Land reizte durch seine Fruchtbarkeit, und gab daher dem Geiste damaliger Zeiten, durch die Kreuzzüge geheiligten Vorwand, Men=

---

*) Beweise davon stehen in Rußow, Kelch und Arndt.

Menschen zu schlachten. Meinhard war 1186 der erste Mißionär, der zu Uexkül ein Kloster baute. Er predigte nach der Weise seiner Zeit, ohne zu bilden, siegte über einen Schwarm streifender Litthauer, und legte hiedurch den ersten Stein zu dem geistlichen Joche.

Uexkül war also die erste Schule in Liefland, und auch das erste Schloß, darin der Prediger einer neuen Religion Heyden bekehrte, und ⅟₇ des Landes, das er, wie die Chronik weislich bemerket, jedoch selbst bebauen mußte, zum Eigenthum für sich nahm. Denn der Unglaube band nicht sogleich seine Freyheit, an den Hirtenstab; sondern die Heyden fühlten ihr Recht, das sie an diesem Lande hatten. Deswegen wollten sie gar den Priester Theodorich umbringen, weil er schönes Korn hatte. Und Meinhard selbst vermied behutsam allen Anschein der Herrschsucht. Oft wollte er ganz wegziehen, machte auch einmal ernstliche Anstalten dazu; und seine Rükkehr in das Schloß, war nichts anders, als gewafnete Sicherheit gegen dumme Bauern. Selbst bey seinem Tode frug er die Aeltesten, ob sie nach seinem Tode ohne

Bischof

Bischof bleiben wollten; und sie wählten sich einen Vater. Also, noch hatten sie keinen Begriff vom Herrn des Landes. Sie wählten sich einen Vater, weil die Priester vermuthlich ihre kleine Fehden schlichteten, und sie ganz sicher als gute Soldaten vertheidigten. Dieß alles zeichnet Schwäche der Herrschaft, aber Klugheit des Missionärs.

Der feige Berthold kam 1197 in Meinhards Stelle, mit einer Pfründe von 20 Mark aus Bremen an. Er traktirte als reicher Bischof, und ward von seiner Gemeine geehrt, so lange sie zu essen hatten. Nach vollendetem Schmause wollte er pflichtmäßig sein Amt antreten; allein die Letten, die noch keine Wohlthat von dem gepredigten Glauben sahen, hinderten ihn nicht nur, sondern sagten ganz treuherzig: seine Armuth riefe ihn in dieses Land. Dadurch hörte Bertholds Hierarchie ganz auf. Er ging furchtsam davon, und der Pabst kündigte die erste Kreuzbulle an. Nun also heiligte Rom den Eigennuz mit seiner Macht und schikte

gewafnete Priester im Jahr 1197.

Bert=

Berthold übermüthig wie die Feigen alle, wenn sie Rückhalt haben, trozte, da er mit seinen Kreuzrittern bey Riga landete, lieferte ein Treffen, in welchem der geharnischte Bischof blieb. Die Armee der Sachsen, die doch in heiliger Absicht der Kreuzesfahne folgte, wüthete grausam, statt zu predigen; verdarb die Saat; und taufte, ohne gesittet zu machen, mit Gewalt 150 Liwen, die den Frieden wünschten. Diese Neubekehrten nahmen Priester an, und gaben als Landleute wahrscheinlich wie sie sonst den Beytrag zu geben gewohnt waren:

1 Maaß Getrayde von jedem Pfluge. Aber die Bekehrung, die durch das Schwerd geschieht, ist selten von Dauer. Die Letten erholten sich sehr bald von ihrer Niederlage, und wuschen ihre Taufe wieder ab; sie griffen die bischöfliche Residenz an, und wollten gar die gewaltsamen Apostel tödten. Die Mißionärs furchten sich, und gingen davon. Es kam

der politische Albert 1198.

Dieser Bischof, mehr Minister als Lehrer,

be-

beflekte nie den Hirtenstab mit Blut; denn er wagte, wie die Chronik sagt, seine Person in keinem Kriege. Aber dagegen reisete er sehr oft nach Deutschland, schikte Kreuzritter an allen Enden von Liefland, und sicherte sich aus Gründen der Religion sein Bisthum. Auf 23 Schiffen führte er eine Menge Ritter aus Deutschland, die in seiner Diöces Heyden bekehren sollten. Doch ehe er seine Pilgrimschaft antrat, bewürkte er, voll schlauer List, von dem päbstlichen Stuhle, die Entscheidung der Streitfrage: daß Er unter keine weltliche Obrigkeit gehöre, sondern daß Liefland ein Eigenthum des apostolischen Stuhles sey. Voll Zuversicht auf seine Ritter, zerstreute er die Liwen, die seine Landung bey Kirchholm hindern wollten, und nahm mit den Waffen in der Hand Besitz von seinem Pastorat. Die Letten belagerten ihn auch da, aber die regulirten schwärmerischen Kreuzritter siegten sehr bald über den gemischten Haufen der Ungläubigen. Und statt zu predigen, wütheten auch sie, wie ihre Vorfahren, verbrandten die Saat, und zwangen die Letten zum Frieden und zur Taufe.

Nun

Nun hatte Albert festen Fuß, und suchte als ein würklich verständiger Mann seine Gemeine zu bilden. 30 Liwen, die bey ihm als Geissel waren, schikte er nach Deutschland zur Schule; sorgsam suchte er sich durch eine Stadt Zufuhr, Beyhülfe und Sicherheit zu schaffen, und gab zum Reiz für die Ausländer, Riga eine von dem Pabst bestätigte Handelsordnung. Aber im Lande suchte er seine Kreuzritter länger zu behalten, als das Jahr, zu dem sie sich nach dem Ordensgesez verbunden hatten, und maaßte sich sogleich Königs Ansehen an. Denn er stiftete aus eigener Macht, ohne alle Bestätigung, im Jahr 1200 die erste Lehn in Leenwarden und in Uexküll. Allein auch dieser Versuch gelang nicht nach Wunsch, sondern seine Pilger gingen zurück. Daher raffinirte Alberts rastloser Geist, auf eine ordentlich stehende Armee, die damals nirgends war, und die der Pabst auf sein Anrathen in dem Orden der Schwerdtbrüder i. J. 1204 stiftete. Adel und Unadel verbrüderten sich in diesem Orden, und alles, was sie von heydnischen Völkern eroberten, war gesez-

Liefl. Gesch.   B   mäs-

mäßig ihr Eigenthum; nur sie mußten unter dem Bischof stehen. *)

So predigten izt Mißionärs, mit mehrerer Macht als kleine Fürsten, in der damaligen Zeit. Denn sie hatten eine würklich stehende Armee; und Albert ist eben daher in dem eigentlichsten Verstande regierender Bischof.

Seine Stadt hatte vermuthlich schon eine zahlreiche Menge Handwerker, denn er befahl, daß ohne sein Vorwissen keine Gilden angelegt werden sollten. Ascheraden wurde verbrandt; eine Menge Einwohner getauft; das bey Uexkül gelegene Dorf genommen; Magazine mit dem Korn der Liwen gefüllt, und Conrad die Lehn gegeben. Jedoch erhielten die Liwen, die sich taufen ließen, ihre Felder wieder; nur hatten sie keinen Theil an der Vestung Uexkül.

Die Nachbarschaft von Polozk, und die Bekanntschaft, welche vermuthlich die Liwen mit diesen Völkern hatten, entging kei-

*) Kelch, Arndt, Gadebusch Jahrbücher Th. 1.

keinesweges der Aufmerkſamkeit des klugen
Alberts. Er ſchikte Geſandte an Wladimir, aber fand ſchon die Liwen vor.
Wladimir konfrontirte beyde Partheyen,
und entſchied für die Liwen, weil er hörte,
daß die Deutſchen eben nicht des Friedens
wegen gekommen waren. Alles zeigt, wie
wenig die damalige Ritter-Denkart, die
allenthalben gerne Sklaven machte, gültig
anerkannt wurde, und daß die Liwen damals noch kein Sklavenvolk geweſen ſind.
Sie neigten ſich zwar ſchon zur Vaſallen-
ſchaft; allein ſie behaupteten dennoch viel
von ihrer Freyheit. Sie fochten wie alle
Vaſallen in Deutſchland, unter Anführung
der Ordensbrüder, und gewannen bey Hol-
me ein Treffen. Auch hier zeigte der ver-
ſtändige Albert, daß er nicht nach roher
Kriegesſitte ſeine Gefangenen behandelte;
ſondern ſanft mit ihnen verfuhr. Er ſchikte
wiederum die Aelteſten nach Deutſchland,
und ſuchte ſich durch Bildung ganz veſt zu
ſezzen. Im Jahr 1205 theilte er das Land
durch Alobrand, in Kirchſpiele. Wahrlich eine nach einem verſtändigen Plan gemachte Einrichtung. Denn nun konnte jedes einzelne Theil beobachtet, gezwungen und

B 2 gebil-

gebildet, und nur so eine feste Regierung gemodelt werden. Den Treulosen schlug er zuweilen den Frieden ab, weil einem rohen Volke zu Zeiten Schärfe dienlich ist, und die von Leemwarden zahlten, wie ihre Brüder, ½ Talent Korn von jedem Pfluge. Allein Alberts inniger Wunsch war immer, mehr Regent als Lehrer zu seyn. Durch den ersten Kunstgrif, daß er unter keiner weltlichen Macht stehen sollte, sammlete er schwärmerische Ritter, und wurde durch ihre Hülfe mächtig: natürlich muß er in der kurzen Zeit seines Lehramtes, die feste Macht bemerkt haben, die er gründete; oder der Neid von Andern, muß ihn aufmerksam gemacht haben; denn er suchte den Schuz einer auswärtigen Macht, und erhielt auch von dem römischen Könige Philipp 1206 Liefland zur Lehn. Daher sezte er einen Pilger Gottfried als Voigt oder weltlichen Richter in Treyden, und pflegte neben dem Gottesdienste, auch die Justiz. Aber dennoch ist keine Sklaverey; denn die Letten werden bey einer Strafe von 3 Mark zum Kriege gegen Litthauen aufgeboten. Sie sind also, da sie durch Geldstrafen gezwungen werden, freylich nicht mehr

mehr frey, aber doch entfernt von dem Sklavenstande.

Edle und Grafen fanden sich schaarenweise in dem schönen Lieflande ein, und den Schwerdtbrüdern ward es lästig, ihre Mühe und ihre Macht unter dem Bischofsstabe zu verbrauchen. Sie foderten eigenes Land, und erhielten von Albert, der in allen Sachen sich als Herrscher zeigte, ⅓ des eraberten Landes, wozu der Pabst nach gewohnter Milde, noch ein Drittheil von allen unbezwungenen Ländern, mit allen Rechten und der Oberherrschaft schenkete. Jedoch sollten sie nach dem Breve v. J. 1210 dem Bischoffe $\frac{1}{10}$ als Vasallen abgeben.

Nun entstand doppelte Herrschaft, und natürlich auch ein größerer Druck für die Bauern. Schwärmerische Pilger, und ein würklich verständiger Bischof, regieren, ordnen, und machen nach Gutdünken Gesezze. So mußte der Bauer nun schon $\frac{1}{10}$ den Kirchen von den Früchten geben, wovon $\frac{1}{4}$ dem Bischofe gehören sollte. Ueberhaupt muß der Bauerstand mehr regulirt geworden seyn, weil die Abgaben mehr vereinzelt wurden. Diese waren nun schon

höher

höher als 20 p. C. wenn ich nehmlich was das Breve des Pabstes, das $\frac{1}{10}$ dem Bischoffe zu geben befiehlt, und diese Kirchen-Auflage mit dem Talent von jedem Pfluge, zusammen rechne. Eine Abgabe, die bey dem damaligen Mangel an Geld und an Handel, ausserordentlich gewesen seyn muß. Dennoch aber konnten die Ordensbrüder noch nicht nach Gutdünken handeln. Sie kriegten stets, fielen in Ungannien ein d. i. in dem dorptschen Kreise, und hielten bey einem neuen Zuge Rath mit den Liwen. Diese waren also noch immer Vasallen, und keinesweges verworfene Leibeigene.

Aber Kriegesungemach, und die Härte raubender Priester, die durch manche Revolten der Eingebohrnen schwerer wurden, drükten die dummen Liwen gar zu sehr. Die Herrschaft der Deutschen war schon gegründet, und die benachbarten Freunde der Lief- und Ehstländer, die Litthauer und die Russen, hatten bereits mit den neuen Fremdlingen Friedens-Traktaten geschlossen, und die Liwen verlassen. In dieser Noth wählten die Eingebohrnen dieses Landes den sanftesten Weg, und baten um Erleichterung

rung ihres Joches, besonders in Ansehung der Abgabe des $\frac{1}{10}$ Korns.

So näherte sich nun schon die Vasallenschaft durch Armuth und durch Noth, zur Dienstbarkeit. Der innere Muth fing an zu verlöschen; sie küßten die Hand, die sie schlug, und versprachen Treue und Gehorsam. Der politische Albert war zu klug, als daß er nicht gerne dem Flehen Gehör geben sollte; er bewilligte daher statt des Maaßes von jedem Pfluge, ein anderes Maaß, so 18 Finger breit seyn sollte, jedoch mit dem Vorbehalte, sich nicht mit den Heyden mehr einzulassen; sonst sollte der alte $\frac{1}{10}$ wieder genommen werden, und noch andere Gefälle mehr.

Hier sprach Albert ganz als eigenmächtiger Herr, der nach seinem Gefallen Auflagen gebietet; aber stillte doch die Unruhen seiner Provinz, mit der Sanftmuth eines Bischofs, und mit einer Milde, die den bedrükten Bauern Erleichterung verschafte. Glüklich, wenn die Schwerdtbrüder in ihrem Eigenthum diesem Beyspiele gefolgt wären! allein sie lebten nach der harten Krieges-Denkart. Bey Segewold schlugen sie die revoltirenden Liwen, tauften, und legten 100 Oseringe, oder 50 Mark Silbers, Strafe der Provinz auf, zu dem noch überdem der Ersaz des Schadenstandes gegeben werden sollte; allein eine wohlthätige Vermittelung machte, daß es bey dem gewohnten Zehnten verblieb.

Indeß so hart dieses auch immer war, so zeigt es doch, daß der Liwe damals noch nicht ganz Sklave gewesen ist. Keine Leibesstrafe ward an ihm vollführt; kein Rädelsführer besonders ausgesucht und bestraft; sondern sie leiden Alle zusammen, und werden nach Kriegesregeln für den Aufruhr gebrandschazt, und zum Gehorsam gezwungen.

Noch hatten die Liwen ein wahres Eigenthum. Denn die habsüchtigen Ordensbrüder in Wenden, wollten den Letten von Antine ihre Länder nehmen; und erwählte Schiedsrichter musten diese Sache, nicht nach ihrem Willkühr, sondern nach einem von beyden Seiten abgelegten Eide entscheiden. *) Es war also damals das Wort des Herrn allein nicht hinreichend, sondern sein Bauer konnte förmlichen Prozeß

---

*) Origines liu. p. 79.

ges gegen ihn führen, und noch triftigen Beweiß von ihm fodern. Die Schiedsrichter sprachen auch nach dem Eide, und gaben gar den Liwen einen Ersaz des Schadenstandes.

Aber obgleich man den Liwen Gerechtigkeit wiederfahren ließ, und sie als ein Landesstand ansahe; so verwehrte man dennoch geflissentlich alle Zunahme ihrer Macht. Daher wurden sie, da die Ritter und Bischöffe Ehstland unter sich vertheilten, von dieser Theilung völlig ausgeschlossen. Zwar nicht namentlich, aber doch als vergessen angesehen. Sie, die Liwen, hatten gefochten wie die Deutschen, Leib und Leben gewagt, wie der Bischof und seine Ritter, und blieben unbelohnt. Allein da Albert nicht mehr Ehstland gegen Dännemark behaupten konnte, machte er freylich aus Politik die Rechte der Eingebohrnen geltend. Er entschloß sich, der Krone Dännemark Ehstland abzutreten, wenn Liwen und Letten darein willigen. Also sind sie, es sey nun dem Scheine nach, oder auch würklich, ein völliger Landesstand, der noch dazu seine Rechte behauptet,

ret, denn sie protestiren dagegen. *) Und nach abscheulichem Morden und Plündern, machten die Ehsten denselben Akkord, den bereits die Letten hatten, nehmlich das Land zwischen der Kirche und den Rittern zu theilen.

Ohnstreitig hatten die Ritter bis hierzu Macht und Ansehen sich erworben; aber der Liwe und Ehste war noch nicht der kriechende Sklave, der kaum aufzusehen wagt. In verschiedenen Tumulten zeigten sie noch immer, wie gerne sie Widerstand thaten. Allein 1223, da die Ritter mit recht barbarischer Wuth Dorpat einnahmen, wurden sie furchtbar, die Bauern verachtet und hörten auf ein Landesstand zu seyn. Hier ist die wahre Epoche, da die liefländischen Ritter nicht Land allein, sondern auch Menschen zu ihrem Reichthum zu zählen anfingen. Kein Liwe unterschrieb oder bezeugte von der Zeit ab, einen Transakt, oder willigte wie sonst in den Verkauf eines Landes. So machte Hermann, Bischof von Leal, einen Transakt mit seinem Bruder Albert, ohne an die Eingebohrnen dieses

*) Arndt Th. 1. S. 168.

ſes Landes zu denken. Denn die Biſchöfe waren Herren, und hätten von ihren Rechten vergeben, wenn ein Live dieſen Transakt mit unterſchrieben hätte. Der Abt Robert verkaufte, nicht mit Genehmigung der Landesälteſten, ſondern des Grafen von Holſtein, 2½ Hufen Landes, das der Kirche gehörte. Endlich ward das ganze Land der Ungläubigen Preiß gegeben. Wer Heyden Land erobert, hieß es nun, der behält es. *)

Mit vieler Klugheit erreichte Albert, durch manches ſinnreiche Mittel, in dieſer Zeit, ganz ſeinen Vorſaz. Sein Staat war gegründet, und dazu noch ziemlich anſehnlich gemacht. Denn mehr als 4000 Ritter ſtanden zu ſeinem Gebote, die alle in Liefland wohnten. Der Pabſt ſchikte ihm ſogar einen Legaten. Er war alſo alles, was er wollte, Biſchof und Regent. Indeß verlohr bey dieſem Schimmer des Geiſtlichen, der arme Bauer ſeine Freyheit. Er war nun nicht mehr ein Landesſtand, ſondern ſeufzte unter der Laſt ſchwerer Arbeiten; dagegen ſogar der ehrliche

Bi-

*) Arndt Th. 2. S. 20.

Bischof Wilhelm, der als Legat nach Liefland kam, die Ritter ermahnte, und sie bat, den neuen Christen kein unerträgliches Joch aufzulegen. Aber dennoch war der Bauer noch nicht ganz das Eigenthum seines Herrn, mit dem er nach Belieben schalten und walten konnte. Vielleicht hinderte die stete Streitigkeit, welche die Ritter unter sich selbsten hatten, daran. Dieser Zwietrachts-Geist hätte sicher Alberts schön ausgedachten Plan, in ganz kurzer Zeit zernichtet. Wenigstens fühlte dieser kluge Regent, wie wenig Er sich alleine halten könnte, und bat daher um die Vereinigung mit dem deutschen Orden. In dieser

II. Periode von 1229 bis 1581.
stirbt die Freyheit der Bauern unter den Heermeistern.

Alberts weitsehender Geist sahe, wie ich eben bemerkt habe, die Schwäche seines aristokratischen Staates. Er wählte daher eine Verbindung mit einer Macht, wo große Männer waren, die wie er aus Nichts zur Herrschaft stiegen; die einen Einfluß in die Händel von ganz Europa hat-

hatten; wo er gute Soldaten und eine würklich stehende Armee fand — dieß alles war in dem deutschen Orden. Lange negociirte unser Bischof um die Vereinigung, bis endlich Liefland 1237 völlig dem deutschen Orden einverleibet wurde. Jedoch standen die Ritter unter dem Bischofe und dem Bann.

Stolz auf ihre Waffen, behielten diese Ritter die Denkart ihrer Zeiten bey, und ließen sehr bald Vasallenrecht in Sklavenpflichten ausarten. Wo sie hinkamen, folgte ihren Tritten der Sieg; daher ließen sie den Liwen kein Recht an der Regierung, aber doch anfangs einen Schatten von Gerechtigkeit. Im Jahr 1241 revoltirten die Oeselaner, und der rigische Komthur bezwang sie unter schweren Bedingungen. Sie musten jährlich von jedem Haaken $\frac{1}{2}$ Schfl. Korn geben, und gesezmäßig wurden heydnische Opfer und Kindermord, ausser der Geldbuße, mit Ruthenstrafe an dreyen Sonntagen bey der Kirche gestrafet. *)

Nun

---

*) Arndt Th. 2. S. 42. und Gadebusch Jahrbücher Th. 1. S. 233.

Nun war also voller Sklavensinn, und wahre Sklavenstrafe, die durch die ausserordentlich große Parochialabgabe den Bauer in Armuth erhielt. Der Bischof Hermann aus Dorpat, meldet an Torchil aus Reval die Abgaben seiner Bauern: *) sie zahlten nehmlich von 2 Hufen ein Külmet Roggen, von 4 ein Külmet Waizen, von jedem 1 Külmet Haber, von 20 ein Fuder Heu, außer den jährlichen Zehnten; und musten noch überdem sein Vieh mästen, und andere Bedürfnisse besorgen. Wahrlich eine Abgabe, die unausstehlich seyn muste. Denn nicht nur ist das damahlige Maaß um die Hälfte größer als unser iziges, sondern der Ertrag der Felder war wenigstens $\frac{2}{3}$ schlechter, als in unserer Zeit. Denn weder hatte man damals die Kultur der Felder durch Mastochsen wie izt, noch schnitt man Garben, oder machte solche Aussaaten als gegenwärtig. Indessen blieb die Verwaltung der Gerechtigkeit doch zum Theil noch in den Händen der Eingebohrnen. Denn in Oesel sollte der Voigt jährlich

---

*) Gadebusch Jahrbücher Th. 1. S. 236. wo das Original aus Hiärne wörtlich stehet.

lich mit den Landesältesten zu Gerichte sizzen. Schatten der Freyheit war also da, aber keine Würklichkeit. Denn bey Sachen von Wichtigkeit, hatte der Bauer weder Siz noch Stimme. Im Jahr 1314 musten auf Befehl Königs Erich VIII. und des Ordensmeisters, der Hauptmann in Reval und 3 Edelleute und 4 Ordensbrüder zusammentreten, einen Grenzstreit zu entscheiden — aber kein Liwe oder Ehste, deren Land es doch würklich war, durfte mehr Assessor seyn.

So tief war in wenig Jahren der freygebohrne Lief- und Ehstländer gefallen. Natürlich erinnerten ihn noch die Sagen seiner Vorfahren, an jene gute Zeit, da kein Druck vorhanden war; wahrscheinlich lernte er auch sein Land, durch den bessern Ertrag, den die deutschen Ordensbrüder durch den Handel hervorbrachten, mehr kennen; und mehr als alles würkte vielleicht das Menschengefühl bey dem Druk der neuen Fremdlinge. Verzweifelnd wagte daher der Bauer noch einmal sein Leben für seine sterbende Freyheit, und es entstand 1343 ein wahrer Bauernkrieg, wo aber die Ordensbrüder siegten, und wie die Chronik

nik sagt, 9000 Bauern metzelten. Rachsucht der Herren, Denkart der Zeit, die damals allenthalben Sklaven liebte, und Kriegesrecht, tödteten nun die Bauerfreyheit ganz. Ein jeder der eingesessenen Ordensbrüder, war auf seine Leute aufmerksam, und ein jeder Edelmann hegte in seinem Hofe Gericht über Leib und Leben. Wenigstens beschreibt Russow *) die Privilegien des liefländischen Adels in dieser Zeit also: „Der Missethäter oder Mörder, „wurden nicht von seiner Obrigkeit gerich„tet, sondern von dem Edelmann, in des„sen Grenzen und Mark die That geschah. „Der Edelmann nöthigte einige benachbarte „des Adels zum Gerichte, und nahm die „ältesten Bauern zu Beysizzern; und nach „der Anklage haben die Bauern erst nach „dem Herkommen des Landes, sprechen „müssen, und dann der Adel."

Zuverläßig schreklicher konnte der Adel dem Bauer nicht mehr werden, als ihn diese Einrichtung machte. Ein jeder von Adel ohne Unterschied, den der eingebohrne Lief= oder Ehstländer sahe, war gesezmäßiger

---

*) Russows Chronik Bl. 18 und 19.

ger Richter über Leben und Tod; und ein jeder Edelmann, den der Bauer ansichtig ward, konnte ihn, wenn er allenfalls aus Dumheit etwas in dessen Gränzen beging, plakken, strafen, gar verurtheilen. Mich schaudert, wenn ich an alle Folgen dieses grausamen Privilegiums gedenke. Denn so ehrfurchtsvoll und heilig auch der dumste Mensch ein förmliches Gericht ansieht, das seinen festen Siz hat; so abscheulich wird einem Jeden die irreguläre, zerstreute, und willkührliche Gerichtsform. Wenn ein Jeder Richter ist, und jeden Augenblik den andern zu verurtheilen Fug und Recht haben darf, so vermischt sich sicher, bey den dunkeln Begriffen, die Strafe mit der Person; und es erfolgt Schüchternheit, Furcht, unversöhnlicher Haß. Keine Einrichtung in der Welt konnte überdem den Edelmann stolzer und übermüthiger machen, als eben diese. Sein Anhang, seine Kenntnisse, fein Raffinement, überstimmten sicher die mehreste Zeit die zum Scheine sizzenden Bauern, die doch auch täglich in derselben Gefahr waren, in welcher ihr verurtheilter Bruder izt von ihnen das Urtheil hörte.

Liefl. Gesch.   C   Daher

Daher stieg der Uebermuth des Adels bis zur Boßheit. „Der Bauer hatte, wie Russow in seiner Chronik Bl. 19. anmer„ket, „nicht mehr Recht, als sein Junker „oder Voigt es wollte; und der arme Bauer „durfte sich bey keiner Obrigkeit über Ge„walt und Unbilligkeit beschweren."

Nun war der Bauer leibeigener Unterthan, nach der Weise wie Pottgieser in seinem Buche de statu servor. die Sklaven des mittleren Zeitalters beschreibet. Der Herr erbte alles, was der Bauer nachließ, und vertheilte seine Kinder nach Wohlgefallen. Bey seinem Leben hatte er nichts Eigenes; und unbarmherzige Strafen waren bey den kleinsten Verbrechen, ohne selbst das Alter zu schonen, sein Lohn; ja man fand Herren, die ihre Unterthanen gegen Hunde und Windspiele verkauften und vertauschten. *)

Tiefer konnte die Menschheit wohl nicht fallen, und tödlicher die Freyheit unmöglich

*) Alles dieß ist nicht Vergrößerung, sondern stehet zur Schande der Zeit, wörtlich also geschrieben in Russows Chronik Bl. 19.

lich verwundet werden. Nun waren Ordensbrüder, die doch in dem eigentlichen Verstande Priester sind, und predigen und bekehren sollten, Peiniger, die ohne Bildung des Volkes ein Land besaßen, das sie unterrichten wollten; und Barbaren, diejenigen die nach Liefland kamen die Religion Jesu zu verkündigen. O Zeit, o Menschheit!

Eigenmächtig herrschte jeder Herr über seine Unterthanen, und der Bauer muste auf Befehl seines Herrn aufsizzen. So fiel Cysse 1430 in Polozk ein, und jeder Komthur nahm 100 und jeder Ritter 10 Mañ mit. Die Last des Landmannes stieg in seinen Abgaben, durch die neue Münzoperation um dreymal so hoch. Denn Cyssa Rutenberg verordnete am 25. Oct. 1424 zu Walk, mit den geistlichen und weltlichen Ständen, „daß der Land= und Zins=„mann alle seine jährlichen Zinsen als „Kuh= und Ochsenhäute, Kornschuld, „und andere Gerechtigkeit, mit neuem „Pagamente bezahlen sollen.„ Und nach dieser Taxe galt eine Mark neues, 4 Mark alten Geldes. Also wurden ganz natürlich, ohne neue Auflage, ohne daß der Bauer es

einmal merken konnte, seine Abgaben drey‑
mal größer. Die Rathsherren-Söhne aus
Dorpt und Reval konnten immerhin so
reich seyn, daß sie wie Hiärne B. IV.
S. 338 bemerkt, in Italien studiren konn‑
ten; allein der Druck der Bauern vermehrte
sich, und ihre Armuth wuchs auch ohne
neue Auflagen.

Den Geist dieser Zeit schildern uns am
besten die gravamina, die im Jahr 1482 auf
dem Landtage bey Wemel unter Karkus
vorgelegt wurden. *)

1) Die Geistlichen, heißt es dort, Bi‑
schöfe, Dumherren und Mönche, sind zu
eigennützig, und zwingen die Bauern, jähr‑
lich die Kirchenzeheneden abzutragen, wann
sie gleich durch göttliche Strafen, als Krieg
und Miswachs, ruiniret worden; sie thä‑
ten auch denen von Adel in ihren Lehnrech‑
ten und Grenzen gewaltige Eingriffe; brä‑
chen verbriefte und beschworne Contrakte;
sorgten nur, wie ihre Küchen und Keller
möchten voll seyn, und bekümmerten sich
wenig um den Gottesdienst.

2) Daß

*) Kelch liefländische Historia S. 147. u. f.

2) Daß der Heermeister und sein Orden vor nichts, als vor sich sorgeten, und die andern Stände zu unterdrücken suchten. Auch ihre Favoriten zu erhalten, jährlich so große Summen Geldes nach Rom und andern Höfen schikten, und dadurch das Land arm macheten.

3) Daß die von Adel ihren Bauern so viel Frondienste, Zehenden, und andere Lasten mehr auflegeten, als sie selbst wollten, dadurch die Bauern bis aufs Blut ausgesogen, und die allgemeinen Landes onera zu tragen untüchtig gemachet würden.

So weit zeichnen uns die Beschwerden auf dem Landtage, die ich wörtlich aus Kelch genommen habe, die innere Verfassung des Landes; doch konnten sie nicht ganz abgestellt werden, weil sie, wenn ich es sagen darf, gleichsam in der Landeskonstitution verwebt waren. Die Bildung, wodurch die Geistlichen, den noch immer rohen Liwen, Letten und Ehsten erleuchten sollten, war überdem nichts weniger als Ueberzeugung, sondern Zwang, Schärfe und Eigennuz. Im Jahr 1509 starb der Erzbischof Michael und die Chronik rühmte seinen Fleiß. „Wenn er auf die Waken zog, heißt es wörtlich „seine Zehnten und Ein-„künfte in Augenschein zu nehmen, welches „jährlich nach der Aerndte geschah, muste „der Stiftsvoigt und andere Beamte die „Bauern fragen und prüfen, und wer et-„was konnte, dem ward Essen und Trin-„ken gegeben, die andern bekamen Ru-„then." *)

In diesem Jahre unterschieden die Ge-sezze selbst das Erbrecht genauer, und be-stimmten es noch fester. Dreyßig Jahre machten die Verjährung gültig. Dennoch erbarmten sich die Ordensmeister der Elen-den in soweit, daß sie der Eigenmacht der Edelleute etwas Schranken sezten. Wer seine Leute, hieß das Gesez, an Hals und Haut richten will, soll dazu neh-men zween Männer des Meisters. Ab-solut konnte nun wohl kein Guthsherr mehr herrschen, denn der weitläuftigere Prozes, und die Obacht des ordensmeisterlichen Mannes, machte es, wenn nicht ganz un-möglich, doch etwas schwüriger.

Die

---

*) Kelch bey diesem Jahre.

Die Reformation selbst, die allenthalben große Revolutionen hervorbrachte, war in Liefland ganz ohne Folgen für den Zustand des Bauern. Dieser kannte in dem eigentlichsten Verstande noch gar keine Religion, er fühlte nur ihre Last, in der Herrschsucht ihrer Lehrer; daher war ihm jede Veränderung gleich; er bemerkte sie kaum. Der Ordensmeister und der ganze Adel lebten mit dem Bischofe und den Geistlichen in steter Zwietracht; ihnen gab die Reformation die freudige Aussicht, ganz der Hierarchie los zu werden. Man furchte freylich, und machte gar den lutherischen Geistlichen Vorwürfe, allein kein Erfolg wurde sichtbar. Denn in Liefland waren die Rechte der Bauern noch nicht zum StaatsInteresse gemacht; der Bauer war kein Landesstand mehr, sondern von aller Verbindung ausgeschlossen, und die Uebermacht seiner Herren, die durch Raffinement und Härte ihn in Schrekken sezte, erlaubte der Einfalt des Bauren keine Kultur. Er konnte nicht einmal denken, und fühlte also gar nicht die Wohlthat der Reformation.

Indeß muß das Verlaufen der Leibeigenen damals stark gewesen seyn. Dieß bewei=

Die Abgaben der Sklaven waren, wie gesagt, noch immer drückend groß; aber im Jahr 1537 nahm man den Bauern gar allen Erwerb. Denn den Bauern und Undeutschen wurde kein Handel verstattet. *) Wahrscheinlich gab hiezu die Vorkäuferey des Adels, darüber alle Städte klagten, die nächste Veranlassung.

So ward der Bauer auf einmal bloßer Landmann, in dem eigentlichsten Sinn der Worte; Unwissenheit und Verachtung fingen an ihn so gar von der alten Gewohnheit auszuschließen, auch nur dem Scheine nach Beysizzer im Gerichte zu seyn. Denn der revalsche Komthur Rembrandt von Scharenberg ertheilte dem Abte Eberhard von Kloster Padis, die Gewalt, alle Missethaten durch Deutsche — also keine Bauern mehr — abmachen zu lassen. Zweifelsohne sahe man dennach das Ungemach, zu dem der Willkühr die Herren verleitete. Sie richteten über Leben und Tod, und waren selbst Kläger und auch Richter. Daher verordnete die Kommißion, zu welcher Uexküls Enthauptung Gelegenheit gab, auf Be-

*) Arndt Th. 2. S. 207.

Befehl des Meisters im Jahr 1543 „dem „Komthur soll die Sache gemeldet wer„den, wenn ein Bauer einem Edel„mann das Geleite sperret.„ Also schon ein Schritt näher zur Billigkeit. Der eigene Herr, der sonst selbst Richter war, muste doch nun formel klagen, muste doch, es mag nun zugegangen seyn, wie es immer wolle, Urtheil und Recht anhören. Die Bauern, die zu Lande Nothwehr gethan, sezte dieselbe Kommißion weiter fest, genießen in der Stadt gleiches Recht. Uexküls Mordthat veranlaßte doch, daß That von That unterschieden werden sollte. Aber unglücklicherweise scheint, nach meinem Begriffe, die Nothwehr, an welche einzig und allein gedacht wird, und die allezeit die Vermischung der Justiz erlaubet, ganz den Uebermuth und den Unfug der Herren auszuzeichnen. Denn es heißt in eben dem Gesezze: aber andere muthwillige Todschläger erwarten das Ebentheuer des Rechts. Der Bauer muß doch würklich oft in die Verlegenheit gerathen seyn, sich durch eine Nothwehr zu retten, da bey der unumschränkten Adelsgewalt, ihrer gedacht werden muß. Doch
auch

auch dagegen fand man Schuz, da man auf dem Landtage in Wollmar 1545 das Gesez ergehen ließ: daß der Bauer, der sein Gewehr, ohne Zeichen seines Herrn hat, solches verliehre.

Nun war der Bauer ohne Gewehr, und ohne Freyheit, kenntbar bey jedem Schuß, weil des Herrn Zeichen jede Büchse zählen ließ.

Krieges-Ungemach hatte troz der Aufsicht des Adels, die Bauern dennoch in den Jahren 1580, 81 u. f. ganz verwildert. Von den Deutschen geplagt, von Pohlen, Russen und Schweden verfolgt, wusten sie nicht mehr, welche Parthie sie ergreifen sollten. Als Unterthanen der Deutschen waren sie jeder Parthie widrig. Wer es mit den Pohlen hielt, der fühlte die Hand der Russen, und so wechselseitig mit den Schweden und den Russen. Daher entstand unter den Bauern selbst, stete innere Fehde, Krieg und Mord; und Schenkenberg, der so genannte liefländische Hannibal, lehrte sie Muth und Kriegeskunst. *)

Wahr-

*) Russow Bl. 122. und Kelch bey diesem Jahre.

Wahrscheinlich wäre hier vielleicht die Periode gewesen, da der Bauer durch Rauben und Morden sich empor geschwungen, und durch den Untergang der deutschen Ritter sich ein eigenes Reich gegründet hätte, wenn nicht der gesegnete Friede glüklichere Zeiten geschenkt hätte. Und hier entsteht die

III. Periode.

Der Bauer unter ordentlicher Regierung, wird menschlicher behandelt.

Die aristokratische Herrschaft der liefländischen Edelleute, konnte ohnmöglich den Beyfall des polnischen Königes erhalten. Nur diese empfindliche Seite durfte nicht sogleich berührt werden. Selbst der Vortheil des neuen Beherrschers wäre dagegen gewesen. Der König Stephan fing daher im Jahr 1583 mit der Revision an, und zog, besonders im Dorptschen, viele Güter ein. Aber seine Proposition, die er im Jahr 1586 durch Pekoslawski dem liefländischem Adel bey Neuermühlen vortrug, zeigte, wie ungern er den tiefen Sklavenstand zu dulden wünschte. Pekoslawski sagte im Namen seines Königes:

„daß

„daß die Strafgerichte Gottes auch dadurch „über Liefland anhaltend wären, weil die „armen Bauern von ihrer Herrschaft so „jämmerlich unterdrücket würden, daß der= „gleichen in der ganzen weiten Welt, auch „unter den Heyden und Barbaren, nie wäre „erhöret worden." *).

Die lezten Ausdrükke sind bitter, und dennoch konnte die Ritterschaft ihre Härte nicht ganz von sich ablehnen, sondern nur mildern. „Was die Beschuldigung, ant= „worteten sie, **) „der Bauern halben an= „belanget, so könnten sie zwar so eben da= „vor nicht gut seyn, daß nicht etwan „ein oder Anderer, mehr als billig an sei= „nen Bauren verübte, ließen aber solchen „billig dasselbe vor Gott und Ihro König= „lichen Majestät verantworten; ***) im „übrigen aber wäre doch gleichwohl erweiß= „lich, daß der meiste Theil sich jederzeit sei= „ner Bauren nach Möglichkeit angenom= „men,

*) Kelch S. 420.
**) Kelch S. 421.
***) Da keine Untersuchung angestellt wurde, oder werden sollte; so konnte man leicht die Strafe des Königes auffodern, ohne doch zu schaden.

„men, und denselben mit Ochsen und Pfer„den, und andern Nothwendigkeiten be„hülflich gewesen." So suchte man also den Drang mit Kleinigkeiten zu ersezzen. Man gab, wenn ich so sagen darf, ein Ey, und nahm die Henne.

Aus politischen Gründen wünschte dieser König, die Eigenmacht des Adels zu begränzen, und fing bey dem schönsten aller Mittel an, nehmlich das Gefühl für Ehre unter den Bauren anzufachen. Dieserwegen wollte er die Ruthenstrafe bey den Bauern abschaffen. Freylich schlugen die Bauern diese Wohlthat aus, und wollten ihre alte Ruthenstrafe behalten, allein sie sind keinesweges zu tadeln. Denn die Armuth, die Geldlose Zeit, und Mangel an Gefühl der Ehre, zumahl da sie doch keine andere Aussicht als Arbeit hatten, hätten bey den Plackereyen ihrer Junker, Geld erpreßt, und die Sklaverey noch hätter gemacht, als sie itzund bey einigen Paar Ruthen werden konnte.

Indeß machte der schleunige Tod des Königes Stephan, das für seine Privilegien zitternde Liefland, auch in dieser Sache furchtlos, und es erfolgte gar keine

Aen-

Aenderung. Liefland behielt sein Recht, Sklaven zu quälen, und die Veränderung in der Regierung half anfangs nichts. Umstände nöthigten gar die Krone Pohlen im Jahr 1589, in Liefland eine Kontribution auf besezte und wüste Länder, auf Menschen jung und alt, auf Häuser und Vieh, auf Asche, Theer und Balken, und andern Dingen mehr, zu legen. *) Dieß war das Schiksahl des polnischen Antheils von Liefland, dessen Bauern natürlich durch diese Auflage, einen noch grössern Drang, als zuvor, fühlen musten.

In Ehstland oder dem schwedischen Antheil, war freylich dieselbe Eigenmacht des Adels, nur keine solche Auflagen; aber dagegen aller Erwerb den Bauern benommen. Sie musten z. B. 1591 von allen Balken und Bauholz, das sie nach der Stadt brachten, den Zehnten zahlen; kein Undeutscher konnte mehr Bürger werden, ausser den nöthigen Leinwebern; kein undeutscher Junge durfte mehr in den Buden gehalten werden. **)

Ueber-

---
*) Kelch S. 443.
**) Gadebusch Jahrbücher Th. 2. Abs. 2. S 92 und 93.

Ueberhaupt scheint der Erwerb der Bauern, in dem Innern von Lief= und Ehstland, gänzlich gehoben gewesen zu seyn. Das bezeugen die öftern Klagen der Städte über die Vorkäuferey des Adels; das bestätigt noch mehr die Anordnung des Adels auf dem Landtage im Jahr 1598 am 15 Januar, darin es heißt:*) „Der Adel verspricht „bey adelichen Ehren, den alten Huldigungs=„briefen, Rezessen, und Landes=Gebräu=„chen zufolge, hinführo seine Bauren und „Unterthanen, all ihr übriges Korn und „andere Waaren, das sie über ihre Gerech=„tigkeit und Schuld bauen, frey und ungehindert nach den Städten bringen, — — also nun erst, da Klagen und Nothwendigkeit den Adel zwingen, gibt er seinem Sklaven, mit dem in der Ritterzeit heiligen Schwur, bey adelichen Ehren, die Erlaubniß, den Lohn seiner Arbeit zu geniessen, und zu seinem Unterhalte, sein Bißchen Korn zu verkaufen — — „und heißt es weiter in dieser Abmachung, „ihre „Nothdurft dagegen aus denselben ho=„len zu lassen,„ — von wo bekamen sie denn

*) Gadebusch Th. 2. Abs. 2. S. 191.
Liefl. Gesch.

denn sonst ihre Nothdurft? vermuthlich von dem Guthsherrn? also aus der zweiten, auch wohl vierten Hand. Und jeder gab sicher nicht ohne Vortheil, und empfing wahrscheinlich, da bloß Tauschhandel existiren konnte, mit gehäuftem Maaß, das macht an sich schon 10 bis 12 pro Cent, noch ungerechnet, daß dem Bauer alsdann für seine Waare ein selbstgemachter Preiß, und sicher nicht nach Markts Taxa, angerechnet wurde. — „Sich selbst, heißt es weiter in diesem Landtagsschluß, „al„les Kaufens und Verkaufens in Höfen, „Hakelwerken, Vorwerken, oder Krügen, „nicht allein mit Korn, sondern auch mit „allen andern Waaren, ausserhalb ihres „eigenen erbauten Korns, allerdings zu ent„halten, und andern in ihren Namen, oder „ihren Dienern und Amtleuten, solches zu „thun nicht zu verstatten, bey einer Strafe „von 1000 Gulden.„

Dieser Landtagsschluß, den die Ritterschaft mit so vieler Wohlthätigkeit gegen die Bauern abfaßte, zeigt die Sklaverey des Ehst- und Liefländers in seiner ganzen Kraft. Der arme Mann, der bloß von seiner schweren Händearbeit lebte, durfte nicht
eher

eher als nach dieser Abmachung, aus der Stadt den höchsten Preiß für sein erbautes Korn erwarten, denn sein Guthsherr hatte das Monopolium über den Ertrag der Felder seiner Bauern. Wie konnte dann Wohlstand möglich seyn? Der Erbherr war Herr und Kaufmann, eigenmächtiger Befehlshaber und auch heuchelnder Schmeichler. Diese unmerklichen Abgaben schwächten sicher den Bauer mehr als alle Arbeit; dieser Zwang, dem Herrn allein seine Waare zu verkaufen, sog, bey seiner Dummheit ihm das Mark aus den Gebeinen.

Wenn David Hilchens liefländisches Landrecht, das zwar nicht Kraft der Gesezze hatte, aber doch auf Befehl der grossen Revisions-Kommißion entworfen, und von den Gliedern dieser Kommißion unterschrieben seyn soll, statt einer Urkunde gelten darf, so war in dieser Zeit, der Adel mit Vorrechten versehen, die das Bild der Sklaverey abscheulich machen, und die dem armen und dennoch nüzlichen Bauer die Rechte der Menschheit ganz benehmen. Denn

1) Noch immer hatte jeder Edelmann die völlige Gerichtsbarkeit, in seinem Guthe, in seinen Marken und Grän-

Gränzen. In Hilchens Landrecht Buch I. Tit. 9 heißt es ausdrüklich. „Wenn „ein Diener wegen geübter freventlicher Ge„walt und Haussturm oder anderer Verbre„chen halben, beklaget wird, soll sein Herr „oder Junker Recht über ihn mittheilen, es „sey der Beschuldigte einer von Adel, *) „oder eines bürgerlichen Standes, so bald „er, bey ihm ist arrestiret worden; oder „Er muß sonsten für ihn selbst verant„worten.„

2) Der Edelmann war willkührlicher Herr über den Bauer und über sein Vermögen. In Hilchens Landrecht Buch II. Tit. 10 ist wörtlich also verfüget: „Die Erbbauern, und welche von „ihnen gebohren werden, ingleichen auch „ihre Haab und Güter, sind in ihrer „Herrschaft Gewalt; und können ohne der„selben Willen und Vollwort nichts ver„äussern.„

3) Nur der Erbbesizzer allein konnte Amt und Würden bekleiden. Ebendaselbst heißt es Buch II. Tit. 14: „Erstlich „wer=

---

*) Vermuthlich müssen damals, so wie noch izt in Pohlen, die ärmsten Edelleute, den reichsten gedient haben.

„werden zu Aemtern und Würdigkeit, nur
„allein die Erbgesessen seyn; so wird auch
„ein Erbgesessener Mann, im Gerichte zu
„Stellung eines Bürgstandes nicht ge-
„zwungen."

4) Der Adel konnte, in Criminal-
Sachen über Leben und Tod richten.
Das in diesem Landrechte abgefaßte Gesez,
Buch II. Tit. 17. lautet wörtlich also: „Ob-
„wohl ein Jeder von Adel an seine Unter-
„thanen Gericht, und vollkommene Gewalt
„hat, damit sie aber dennoch solche Macht
„nicht mißbrauchen, sezzen und ordnen wir,
„wenn zwischen einem Fremden und Unter-
„thanen Streit fürfället, so soll der Jun-
„ker vollkommene Gerichtsgewalt haben, die
„Sachen zu erkundigen, darin zu sprechen
„und zu strafen. Wenn aber zwischen dem
„Junker und seinen Erbbauern so eine Sa-
„che fürfällt, darin über Blut muß gerich-
„tet werden, so soll er das Urtheil, nicht
„anders, als in Zuziehung und in Beyseyn,
„ezlicher von Adel, wie denn von Alters ge-
„bräuchlich gewesen, sprechen."

Ich habe schon oben einige Anmerkungen über diesen Gegenstand gemacht, und
lasse izt bloß einen jeden meiner Leser urthei-

Gränzen. In Hilchens Landrecht Buch I. Tit. 9 heißt es ausdrüklich. „Wenn „ein Diener wegen geübter freventlicher Ge„walt und Haussturm oder anderer Verbre„chen halben, beklaget wird, soll sein Herr „oder Junker Recht über ihn mittheilen, es „sey der Beschuldigte einer von Adel, *) „oder eines bürgerlichen Standes, so bald „er, bey ihm ist arrestiret worden; oder „Er muß sonsten für ihn selbst verant„worten."

2) Der Edelmann war willkührlicher Herr über den Bauer und über sein Vermögen. In Hilchens Landrecht Buch II. Tit. 10 ist wörtlich also verfüget: „Die Erbbauern, und welche von „ihnen gebohren werden, ingleichen auch „ihre Haab und Güter, sind in ihrer „Herrschaft Gewalt; und können ohne der„selben Willen und Vollwort nichts ver„äussern."

3) Nur der Erbbesitzer allein konnte Amt und Würden bekleiden. Ebendaselbst heißt es Buch II. Tit. 14: „Erstlich „wer-

---

*) Vermuthlich müssen damals, so wie noch izt in Pohlen, die ärmsten Edelleute, den reichern gedient haben.

„werden zu Aemtern und Würdigkeit, nur „allein die Erbgesessen seyn; so wird auch „ein Erbgesessener Mann, im Gerichte zu „Stellung eines Bürgstandes nicht ge„zwungen."

4) Der Adel konnte, in Criminal-Sachen über Leben und Tod richten. Das in diesem Landrechte abgefaßte Gesez, Buch II. Tit. 17. lautet wörtlich also: „Ob„wohl ein Jeder von Adel an seine Unter„thanen Gericht, und vollkommene Gewalt „hat, damit sie aber dennoch solche Macht „nicht misbrauchen, sezzen und ordnen wir, „wenn zwischen einem Fremden und Unter„thanen Streit fürfället, so soll der Jun„ker vollkommene Gerichtsgewalt haben, die „Sachen zu erkundigen, darin zu sprechen „und zu strafen. Wenn aber zwischen dem „Junker und seinen Erbbauern so eine Sa„che fürfällt, darin über Blut muß gerich„tet werden, so soll er das Urtheil, nicht „anders, als in Zuziehung und in Beysein, „etzlicher von Adel, wie denn von Alters ge„bräuchlich gewesen, sprechen."

Ich habe schon oben einige Anmerkungen über diesen Gegenstand gemacht, und lasse izt bloß einen jeden meiner Leser urtheilen,

len, welche schrekliche Verwirrung daraus öfters hat entstehen müssen, wenn ein Unterthan gegen den andern, die unter den Augen der Gesezze doch alle Brüder sind, die Macht der Souveränität gebrauchen darf!

So war 1599 die klägliche Lage der ursprünglichen Eingebohrnen dieses Landes, die wie wir, zur Freyheit gebohren waren; die wie unsere Vorfahren, unter der Fahne der Ritter gegen die Heyden fochten, ihr Leben ließen, und ihre Freyheit tödteten. Krieges-Unruhen machten auch izt keine wichtige Veränderung in dem Zustande der Bauern. Sobald aber die Krone Schweden als Siegerin in Liefland Gesezze zu geben anfing, so wurde auch die Eigenmacht des Adels begränzt.

Die Landesprodukte bekamen dadurch einen höhern Werth, weil den Gilden in den Städten und den Undeutschen, das Brandtweinbrennen verboten wurde.*) So klein dieser Umstand ist, so sicher steigt hiedurch

*) Gadebusch Jahrbücher Th. 2. Abs. 2. S. 610 u. f.

durch der Werth des Getraydes in dem Innern des Landes, und der Bauer erhält dadurch bey seiner Arbeit mehreren Erwerb, und mehr Lust zur Arbeit. Hiedurch wurde gleichsam Stand von Stand unterschieden, und dem Bauer in seinem Felde seine Werkstäte angewiesen. Daher und aus keiner andern Ursache, als jedem Stande sein Eigenthum zum fernern Betrieb anzuschlagen, gebot das Gesez, daß alle königliche und adeliche Bauern der bürgerlichen Nahrung und Gerechtigkeit unfähig wären.

Durch die eben angeführten Gesezze hatte Gustav Adolph einen eigenen Stand gestiftet, der in sich Handlung, Gewerbe und Interesse finden konnte. Aber entfernt bloß bey einem Stükke der Wohlthätigkeit zu beharren, wollte er dem noch nie gebildeten Volke Kenntnisse geben, und durch seine weisen Befehle das ersezzen, was seit Jahrhunderten geheiligte Kreuzritter und Ordensbrüder, die doch nichts als Priester und Lehrer des Volkes seyn wollten, noch nie gethan hatten. Er befahl, daß in seinem neu errichteten Gymnasio, lettisch und ehstländisch gelehrt werden sollte, und daß

daß die Bauerkinder auch in dieser Schule aufgenommen werden müßten. *)

Aus Unkunde der Nachrichten kann ich nicht entscheiden, wie weit dieser weise Befehl erfüllt worden ist; allein der Mangel der Bildung sagt urkundenmäßig, daß die lieftändischen Erbgesessenen, nicht so dachten wie ihr weiser König. Genug Gustav Adolphs Plan war schön, und hätte Menschheit unter den Bauern geschaffen, und den Adelstolz dadurch ohne Zwang zerstöhrt, weil alsdann alle von Jugend auf, zusammen zu leben sich würden gewöhnt haben.

Das feine Raffinement des Drukkes, wodurch der Adel seinen Bauer in mancher Art hinderte, das Seine zu verkaufen, und sich Geld zu erwerben, hob er im Jahr 1630 dadurch, daß er festgesezte Markttage anordnete, in denen der Bauer öffentlich auf dem Markte, das Seine in den Landstädten verkaufen sollte, und dabey alle Hinderungen der Edelleute und der Pächter verbot. Freylich hat die Gewohn-

---

*) Sammlung rußischer Geschichte Band 9. S. 103.

wohnheit in unserer Zeit, bey mehrerem Erwerb, die Würkung dieses Gesezzes nicht sichtbar genug gemacht; aber da der Bauer nach Jahrhunderten zum erstenmahl zu Markte kam; und nach so vielem harten Drange, endlich einmal öffentlich verkaufen durfte; so muß sein Erwerb natürlich gestiegen seyn, weil er seine Waare selbst taxiren konnte; und er muß anfangs froh gewesen seyn, wie der Kaufmann, der den Haven nun endlich von feindlichen Schiffen leer siehet, und seiner eigenen Handlungs-Fracht zum erstenmal entgegen kömmt. Die Ritterschafts-Abmachung, die verschiedene Jahre zuvor dem Bauer die Veräusserung seiner ihm übrigen Produkten erlaubte, war hiezu der erste Schritt, dem der König wahre Publicität gab.

Aber kräftiger als alle Befehle, die zur Bildung und zum Nuzzen des gemeinen Volkes zwekten, war die gesegnete Einrichtung, daß Gustav Adolph im Jahr 1632 dem lief- und ehstländischen Adel die Gerichtsbarkeit nahm, in peinlichen Fällen über seine Bauern zu urtheilen. *) Er ver-

---

*) Gadebusch Jahrbücher Th. 3. Abs. 1. S. 28.

verordnete in seiner Bestallung der Richter=
stühle, "daß die Klagen der Bauren wider
"ihre Herrschaft, zwar vor das Hofge=
"richt gehörten, jedoch auch von dem Land=
"gerichte untersucht werden können." —
Nun also hatte der ganz vergessene Sklave
doch Rechte des Bürgers; er konnte sein
Leiden den Obern klagen, und war durch
das Gesez selbst vor weitläuftigen Prozessen
sicher. Denn dieß Mandat verbietet zu=
gleich den schriftlichen Prozeß, also
Mund vor Mund, wenn ich in dem Aus=
drucke der ehstnischen Bauern reden darf.

Nun blieb dem Adel nichts mehr als
seine Hauszucht übrig, wobey aber sein
Erbrecht in dem genauesten Sinn des Wor=
tes, beybehalten wurde. Der Erbbesizzer
eines Guthes war Herr seiner Bauern, und
konnte die Verlaufene greifen; ein jeder
muste gar den Läufling bey 100 Thlr. Strafe
liefern; und kein Lostreiber sollte gelitten
werden, sondern jeder gehalten seyn, sich
zu Jahres Diensten zu begeben, oder Land
anzunehmen. *)

Polizey= und Justiz=Anordnungen ver=
hinderten die Könige von Schweden, mit
den

*) Gadebusch Th. 3. Abs. 1. S. 31.

den Bauern einige Aenderungen vorzunehmen; aber diese waren stets ein Augenmerk
der regierenden Herren. Denn im Jahr
1630 wurde eine **Revisions-Kommißion**
verordnet, darin die Bauer-Länder, ihre
Arbeiten, der Güter Krüge, Mühlen u. s. w.
aufgezeichnet werden sollten. Diese Kom-
missions-Akten dienten der nachmahligen
General-Revisions-Kommission zur Norm.
Und alle Einrichtungen, die in dieser Zeit gemacht wurden, zeigten, daß Schweden sich
eine innere Macht in Liefland schaffen wollte,
und seiner Herrschaft, durch Anordnungen,
mehrere Festigkeit zu geben sich bemühte.
Hiezu geschahen die Einrichtungen in allen
Gerichten; und in dieser Absicht trug vielleicht auch Carl XI. am 27. April 1681
der liefländischen Ritterschaft, in seiner
dritten Proposition, an, daß die Freyheit
der Bauern sein Verlangen sey.

Seine Proposition, die mit der Antwort der Ritterschaft das wahre Bild zeichnet, wie die Denkart der Erbeingesessenen
in diesem Lande gewesen ist, ist wörtlich
diese: „Ihro Königl. Majestät wollen
„auch der Ritterschaft und Adel in Liefland
„nicht verhalten, welchergestalt Ihro Kö-
„nigl.

„nigl. Maj. bey sich in sonderliche Betrach„tung haben kommen lassen, den Gebrauch, „der in den alten heydnischen Zeiten, bey „etlichen Völkern und Nationen eingerissen „zu seyn befunden worden, wie auch in ei„nigen zu Schweden gehörigen Provinzen, „absonderlich in Liefland und Pommern, bis „zu gegenwärtiger Zeit beybehalten worden. „Nehmlich daß die Herrschaft, über ihre „Bauren und Bauer = Gesinde = Familien, „eine größere und mehr unbeschränkte „Freyheit und Macht usurpiret, als die „schuldige christliche Liebe zu ertragen schei„net; derowegen und nachdemmahlen „Ihro Königl. Maj. nicht allein Dero „getreue Unterthanen, sonsten der Ritter„schaft und Adel in Pommern, Dero christ„liche und gnädige Gedanken, und Mode„rirung sothaner unlimitirter Freyheit vor„halten lassen, wie auch um Abschaffung der „elenden Sklaverey und Leibeigenschaft, wor„unter so viel Christen seufzen müssen; son„dern auch in Gnaden gesonnen seyn, das„selbe mit allen Bauren und Gesinde = Fa„milien, so Ihro Königl. Majestät und „der Kronen Güter in Liefland gehören; so „stellen Ihro Königl. Majestät der Rit„ter-

„terſchaft und Adelſchaft rechtſinnigem Be-
„denken anheim, wie unchriſtlich es ſey,
„daß ſothanes Exempel von der Ritterſchaft
„und Adel, bey ihren abſonderlichen Gü-
„tern und Bauren nachgefolget, und abge-
„nommen werde, daneben betrachtende,
„daß aus der Hinderung, ſo die Juſtiz und
„chriſtliche gute Sitten dadurch leiden
„können, da der eine Menſch unter des an-
„dern Discretion und privat Affekten, gelaſ-
„ſen wird, ſo iſt daſſelbe auch eine große
„Hinderung an Zuwachs von der Einwoh-
„ner Affektion und Vertraulichkeit, und
„benimmt den andern beyden die Neigung
„ſich daſelbſt nieder zu ſezzen, ſamt der mei-
„ſten Landes-Einwohner Luſt und Umſor-
„ge, daſſelbe, was zu dem allgemeinen
„Landes-Wohlſtande gereichet, zu wün-
„ſchen und zu ſuchen, nachdemmahlen die
„Wenigſten Theil und Intereſſe darin ha-
„ben, ſo lange ſie von der Sklaverey und
„Intereſſe gedrükt werden, dagegen weit
„andere Affekten zur Juſtiz und des allge-
„meinen Beſten Beförderung zu gewarten
„ſind, ſo balde Ihro Königl. Maj. In-
„tention werkſtellig gemachet.„

Wahr-

Wahrlich, triftiger konnte kein Philosoph die Freyheit eines ganzen Volkes wünschen, und beredter kein Patriot das Glük so vieler Tausende auseinander sezzen. Die Erfahrung aller Länder, der Charakter unser eigenen Bauern, zeigen es, daß bey der Sklaverey die Vertraulichkeit nicht mehr ist, und die Neigung, die Lust und die Vorsorge, wie der König sich ausdrükt, für den Wohlstand des Landes, bey der Knechtschaft sich gar nicht denken lassen.

Indeß so wahr diese Gründe auch immer seyn mögen, so war die Leibeigenschaft ein Privilegium des Landes, und Sklaven zu befehlen, ein Recht, das die Ritterschaft zu ihren Prärogativen zählte. Sie beantwortete dahero diese Proposition mannhaft, aber doch immer in einer Art, die mehr den Eigensinn der Gewohnheit zeigt, als Wahrheit geltend macht. Denn sie erniedrigte den Bauer, ohne daran zu denken, daß eben durch die Rechte des Adels, diese tiefe Erniedrigung der Bauern entsprungen sey.

In Ihrer demüthigen Erklärung an den König, heißt es wörtlich also:

„We-

„Wegen Abschaffung der izigen Servitut „und Leibeigenschaft, ist zwar auch ehemals „wohl schon Erregung geschehen, auch zu „Königs Stephani in Polen Regierung, „heilsame Mittel durch Aufbauung Kirchen „und Schulen, damit solche Leute mit der „Zeit ihre barbarische Eigenschaft ablegen, „und civilere Sitten annehmen möchten, *) „vorgeschlagen worden. Allein sobald sie „diese vorhabende Neuerung gemerket, ha„ben sie sich aus allen Kräften dawider ge„sezet, und bey König Stephano billig „angehalten, daß sie ja nicht von ihrer al„ten Gewohnheit abgeleitet, sondern bey „ihren rauhen Sitten und Gesezzen gelassen „werden **) möchten, welches gedachten „König folgendes Urtheil über sie zu fällen „bewogen, „phryges non nisi plagis emen„dantur, lasset sie dann nur Holzhauer und „Was-

*) Eben die Sklaverey verdumte sie, und machte barbarisch. Anmerk. des Herausgebers.

**) Hier machte die Ritterschaft wohl in ihrer Erklärung einen Fehler. Bey König Stephan war nur die Frage von Ruthenstrafe, und nicht von Schulen. Ganz weise wählten die Bauern die alten Ruthen. Anmerk. des Herausgebers.

„Wasserträger bleiben! Sintemals sie also
„vormals bezwungene ihre boßhafte Natur
„nicht ausziehen lassen, sondern hartnäki-
„scherweise mit der Dienstbarkeit belegt seyn
„wollen, indem sie selbst lieber mit der Haut,
„als mit Gelde, dadurch sie in Armuth zu
„gerathen befürchtet, ihr Verbrechen zu
„büßen, in vorige Zeiten erwählet, auch
„izt noch mehrentheils alle gesinnt sind. *)
„Wie wenig zu hoffen, daß wenn ihnen die
„Freyheit nachgegeben, und sie der Dienst-
„barkeit entbunden werden sollten; solches
„in einen andern Sinn geben, und zu einer
„sanfteren Lebensart bringen werde; **) So
„gewiß ist zu fürchten, daß sothane Frey-
„heit Sie nur zu allen Muthwillen antrei-
„ben, und mehr und mehr veranlassen wür-
„de, auf Ausrottung ihrer Herrschaft zu
„gedenken, **) und dieß Land mit Mord
„und Blutvergiessen anzufüllen. Wie so-
„wohl

*) Jeder Sklave wird so denken, denn weder
kennt er, noch hat er Ehre. A. d. H.
**) Frankreich, Deutschland, Schweden und an-
dere Reiche mehr, konnten schon i. J. 1681.
die Ritterschaft das Gegentheil aus ihrer Geschichte lehren. A. d. H.

„wohl aus den alten traurigen Geschichten,
„so auf dem Lande Oesel, *) da alle Teut-
„sche von ihnen umgebracht, als auch in
„Reval und Fellin, und dem lezten mos-
„kowitischen und polnischen Kriege, sich
„begeben, mit mehreren zu ersehen, da sie
„nicht nur eigene Priester umgebracht, Kir-
„chen entheiliget und geplündert, sondern
„auch Haufenweise in Ihrer Herren Höfe
„gefallen, **) mit morden und brennen är-
„ger als die Feinde selbst getobet. Wel-
„chen angebohrnen Haß ***) sie auch izt
„nicht sogar abgeleget, indem sie auch vor
„gar

**) Der harte Druk machte die Bauern zuweilen
desperat; aber ist die Ursache weg, so hört
die Würkung auf. A. d. H.

*) Dieß und das folgende ist nichts als Schein-
grund, dem die Geschichte in so fern wider-
spricht, weil der Bauer diese angeschuldigten
Grausamkeiten, nicht als Sklave, sondern
als Vertheidiger seines Landes, that. Nach
der Zeit wurde er erst Sklave.

**) Ganz alte und neue Zeit ist hier vermischt
in eins gebracht. A. d. H.

***) Keinesweges angebohren, aber wohl, durch
die eiserne Hand der Fremdlinge in Liefland
angeerbt. A. d. H.

Liefl. Gesch. E

„gar kurzer Zeit einen Landes-Eingeseßenen
„angegriffen und umgebracht. *) Zu ge-
„schweigen, daß durch die Freyheit dieses
„Landes Constitution und Recessen gehoben
„werden, der Bauer immerdar mit seinen
„Herrn in Prozessen leben, bald von die-
„ser oder jener Herrschaft dadurch Zank und
„Unruhe, Streit und Unglük entstehen
„würde **): treten auch wohl über die
„Gränze fremde Herrschaft zu suchen, und
„das Land wüste und öde lassen werden. ***)
„So ist auch nicht zu hoffen, daß die Frey-
„heit, unserer Nachbaren Unterthanen
„herlokken, und dies Land mit mehreren
„Einwohnern besezt möge werden, sintemal
„sie eben so wenig als diese in Freyheit zu
„leben geartet, und da sie gleich zu uns
„herüber kommen, und ihre Wohnung hier
„aufschlagen sollten, vermöge Pakten wie-
„der ausgeantwortet werden müsten; da-
„hingegen diese Bauern hier, als freye
„Leu-

*) Was war die Ursache, und unter welchen
Umständen geschahe der Mord? — A. d. H.

**) Bey Gerechtigkeit niemahls — A. d. H.

***) Wo Brod und Gerechtigkeit ist, das Land
verläßt nie der Bauer. A. d. H.

„Leute, von ihnen nicht wiedergefodert wer-
„den könnten, also daß aus der Freyheit
„weder Ihro Königl. Majestät, noch
„dem Lande, ein Vortheil zuwachsen kann, *)
„Ew. Königl. Majestät getreueste Ritter-
„und Landschaft, nur in äusserste unabkehr-
„liche Lebens=Gefahr gesezt werden wür-
„de, **) welches von derselben abzuwen-
„den, und diese Landes=Bauren insge-
„samt in ihrem izigen Zustande zu lassen
„Ew. Königl. Majestät Edle Ritter= und
„Landschaft in Demuth anflehet, zumahlen
„sie ja nichts mehr, als die bloße Haus-
„zucht und das Eigenthumsrecht, ohne
„dem kein Edelmann im Lande bleiben
„kann, ***) über dieselbe behalten. In
„Sachen aber, so Leibes und Lebens ange-
„hen,

*) Der freye Bauer ist natürlich, durch mehrere Interesse, Erwerb und Eigenthum, Reichthum des Staates, Vortheil des Landes, und auch des einzelen Gutesbesizzers. A. d. H.

**) Sklaverey und Dummheit machen mit der Armuth verbunden, die Gefahr. A. d. H.

***) Woher denn in Liefland, da doch auch schon 1681 der engelländische Edelmann kein Eigenthumsrecht an Menschen kannte, und doch gerne in seinem Lande blieb? A. d. H.

„hen, sich von ihren alten Privilegien be-
„reits abgegeben, und solches Ew. Königl.
„Majestät im Lande verordnete Hof- und
„Landgerichte überlassen.„

So dachte damals ein ganzes Corps der Ritterschaft, das durch Wissenschaften gebildet, weise zu seyn sich dünkte, über das kostbarste Kleinod der Menschen — die Freyheit; und opferte doch selbst, für seine eigene Freyheit, Leben und Vermögen auf. Es kann vielleicht wohl seyn, daß die innere Lage und Beschaffenheit der Bauern, die ich aus Mangel der Urkunden, nicht wissen kann, die angeführten Gründe annehmlicher machten, als ich nach einem vollen Jahrhunderte zu bestimmen wage; aber vielleicht ist es wahrscheinlicher, daß das Mistrauen gegen die weise Polizey eines klugen Königes, der Ritterschaft eine ganz unnütze Furcht gegen seine Proposition, eingab. Denn Karl der XI. hätte sicher mit seiner Klugheit, Anstalten getroffen, die der ganzen Sache eine dienliche Wendung gegeben hätten. Wenigstens beweist die Geschichte anderer Staaten, Frankreichs z. B. und auch noch zu unserer Zeit Böhmens, daß Revolutionen

nen dieser Art kein Reich erschüttern können. Indeß fanden dennoch diese Gründe bey dem Könige Eindrang, obgleich, wie die Folge zeigt, wenig Ueberzeugung. Die Reduktion nahm ihren Anfang, und wahrscheinlich wollte dieser König, der niemals kriegerisch dachte, seinen Plan nicht militärisch ausführen; sondern sich durch die Freyheit, die er den Bauern zu schenken gesonnen war, gleichsam Unterthanen erwerben, die aus Liebe zu ihrem eigenen Interesse, gerne bey einer vorfallenden Revolution auch für ihren König das Leben ließen. Durch die Freyheit, welche die Bauern genossen hätten, würde der durch die Reduktion beunruhigte Adel, in seinem eigenen Lande, unter seinen eigenen Gütern, und in seinem eigenen Hause, in seinen Domestiken eine Gegenmacht gefunden haben, die er fürchten mußte. Denn bey jeder Veränderung, welche die erbeingesessenen Herren vornehmen wollten, konnte das Interesse der Bauern für ihre Freyheit, würksam werden. Und keine Macht in der Welt hätte dann den liefländischen Adel vertheidigen können, weil die innere Gährung immer mächtiger und zerstöhrender gewesen wäre, als alle fremde Armeen. In dieser Hinsicht allein wundere ich mich gar nicht, daß die Ritterschaft dem Gefühle der Menschheit entsagte, und demüthigst bat, Sklaven behalten zu dürfen. Ohne Zweifel erkannte auch Karl XI. die Verwirrung, die durch die plözliche Freyheit der Bauern anfangs entstehen könnte; daher sezte er diesen Plan nicht mit der Gewalt durch, mit der er ohne alle Widerrede die Reduktion ausführte.

Die Ritterschaft hatte selbst verschiedenemale um eine richtigere Revision der Bauer-Ländereyen angehalten. Denn die Hofsfelder sind von jeher schazfrey gewesen, wie es die Landtagsrecesse von 1646, 1681, 83, und 87. aus Gründen belehren, die so gar die Krone Schweden annehmlich fand, da sie diese Felder anstritt. Eben dieserwegen wollte Karl XI. eine richtigere Berechnung der Ländereyen haben, theils wie es gewiß ist, um die onera publica richtig und genau vertheilt zu sehen; theils aber auch, wie ich wahrscheinlich vermuthe, die innere Verfassung des Landes kennen zu lernen; oder vielleicht auch gar dadurch den Plan zu ordnen, wie der Bauerstand

ein

ein ordentlicher Landesstand werden könne. Er verordnete daher i. J. 1687 eine Revisions=Kommißion, die den Haaken in Liefland bestimmen; das Vermögen der Bauern, ihre Arbeit, ihre Personen gerichtlich aufzeichnen; und den Werth des Landes angeben sollte; ja so gar richtige Verzeichnisse von allen Gebäuden, Mühlen, Krügen, und dem Absaz in den Krügen, von allen Hoflagen, und Veräusserungen der Produkte, einzuliefern befehligt war.

Die Krone Pohlen hatte bereits im Jahr 1583 eine Revision, und 1584 gar eine Reduktion, in Liefland vorgenommen; i. J. 1638 wurde nach den Krieges=Wiederwärtigkeiten von der schwedischen Regierung wiederum eine Revision der Güter festgesezt, die aber nicht mit der erforderlichen Genauigkeit ausgeführet seyn soll; sondern sie hatte nach der eigenen Anzeige der nachherigen Revisions=Kommissions=Instruktion zwey solche Fehler begangen, die in der Dauer unmöglich bestehen konnten. Sie hatte zuförderst bloß die damals besezt gefundenen Bauer=Länder verzeichnet, und die wüsten ganz aus der Acht gelassen;

nachgehends war der gar verschiedene Ertrag dieser Bauerländer, in keine Vergleichung gestellet, und nicht nach einem Maaßstabe die Haaken egalisiret worden. Dahero versahe Karl XI. i. J. 1687 eine Kommission mit einer gehörigen Instruktion, und befahl eine ordentliche Revision vorzunehmen. Diese hatte ihren ungehinderten Fortgang, und wurde mit so vieler Weisheit ausgeführt, daß sie noch izt ein wahres Muster ökonomischer Untersuchung seyn kann. *)

Nach dieser Instruktion aus Stokholm am 7. Febr. 1687. §. 1. ging diese Revision über Krons- und private Güter, jedoch heißt es §. 9. „bey denen adelichen Privat-„gütern ist es nicht nöthig, daß man sich „bemühe Bescheid und Nachricht davon zu „erhal-

---

*) Einen brauchbaren Auszug aus den Akten dieser Revisions-Kommißion findet man im zweiten Anhang, unter dem Titel: Genaueste Berechnung eines Haakens in Liefland, welche ich beyfüge, weil sie den meisten Liefländern unbekannt ist, indem die Oekonomie-Officianten eine Art von Geheimniß daraus zu machen pflegen. Ich habe sie aus sehr zuverläßiger Hand bekommen.

„erhalten, wie viel ein jedes Gesinde darun-
„ter in specie importiret, weil der Possessor
„vom Gute vor alle Kronsgerechtsame, die
„von dem ganzen Gute, nach dessen zum
„voraus revidirter und aufgelegter Haaken-
„summa, ausgeben sollen, responsable
„bleibt; und solchergestalt scheint es am
„gerechtsamsten zu seyn, daß man es auf
„jeden Possessoris eigene Vorsorge und Be-
„stellung ankommen läßt, dergestalt, daß
„er, der das gröste Interesse darunter hat,
„daß solches richtig zugehet, und die beste
„Kundschaft von seinen Bauren besizzet,
„auch selber darüber bestellen, und das
„Land samt denen Abgaben, unter seinen
„Bauren so vertheilen mag, wie er es am
„rathsamsten, und vor sich am nüzlichsten
„findet.„

Ich schreibe keine Geschichte der Revision, und enthalte mich dahero aller Bemerkungen. Es ist genug zur Geschichte
der Leibeigenschaft, wenn ich diese Periode
nur nenne, in der Karl XI., an den Liefland noch izt, obgleich aus andern Ursachen,
mit Grausen denkt, den armen Bauern Erleichterung und glüklichere Tage schenken
wollte. Doch ehe ich weiter gehe, sehe ich
noch

noch einmal in die vorige Zeiten zurük, und samle die Züge, welche mir bis zur Zeit der Revision, den Zustand der Bauern schildern.

1) Die Armuth derselben war so groß geworden, daß der dürftige Landmann, nun nicht mehr so viel hatte, sich selbst, sein Weib, und sein Kind zu ernähren. Die Ritterschaft wagte es, unter den Augen des polnischen Königes Stephan i. J. 1586 sich ihrer Milde zu rühmen „daß sie „ihre Bauern mit Ochsen und Pferden „und andern Nothwendigkeiten unter- „stüzte.„ Wie tief muß doch die Armuth des Bauern gewesen seyn, da jeder Landmann weiß, daß dieß Gegenstände sind, die man von dem Lande haben muß, und einzig und allein haben kann; Gegenstände, ohne die der Bauer nicht mehr Bauer seyn kann, die wie Korn zu Landes-Produkten und Revenüen gehören, und die er nun nicht mehr hatte.

2) Der Herr konnte die Arbeit seiner Bauern nach seinem Willkühr taxiren. Die Revisions-Instruktion selbst läßt ihm §. 9. auch dieses Recht. Welche Härte muß öfters dabey vorgefallen seyn, da

3) Alle

3) Alle öffentliche Abgaben, den Bauern allein zugemessen waren. Denn die Felder der Adelichen waren schazfrey, und seine Person ohne Abgabe. Wie schwer und drückend dieses gewesen seyn muß, bezeugt die Unrichtigkeit, welche die Revisions-Kommission 1638 begangen hätte. Denn sie hatte nicht den Ertrag der Bauerländer in Vergleichung gestellet. Natürlich mußte der Bauer, dem ein schlechter Boden zu Theil geworden war, auch bey dem größten Fleiße hungern; er konnte wegen der öffentlichen Abgaben, nicht mit dem Andern, der ein besseres Land besaß, wetteifern.

4) Die Abgabe der Bauern in Liefland, betrug in dieser Zeit, da weder für den Herrn, noch weniger für den Bauern ein Erwerb war, dennoch 3 Tonnen Roggen auf jede Seele. Die rigische Ritterschaft erklärt sich selbst wörtlich also, am 19. Aug. 1681, in ihrem unvorgreiflichen Vorschlage, über das von Ihro Königl. Majestät vorhabende Revisionswerk, welchen sie dem General-Gouverneur überreichte. Nach meiner Abschrift heißt es dort „denn es je gewiß, daß zu „einem solchen Haaken, der zween Pflüge, „jeden

„jeden a 6 Tage ausgeben können, noth-
„wendig 4 oder aufs wenigste 3 Gesinder er-
„fodert werden. In solchen Gesindern wird
„man zum meisten 30 Menschen und Brod-
„Esser finden, die des Jahrs nun a 3 Ton-
„nen Roggen, 90 Tonnen Roggen,
„dem Grundherrn Zinse, der Krone
„2 Tonnen Roggen-Station, und dann
„auch bey 6 Tonnen Roggen zu Kontribu-
„tion, und Verpflegung, Durchmarsch,
„Pastoren- und Küsterkorn, entrichten."

Dieß wären also 98 Tonnen Abgabe von einem Haaken, der, wie dieselbe Ritterschaft in diesem Memorial angiebt, nur das 3te Korn über die Aerndte berechnete. Gerne lasse ich verständige Landwirthe über diese Abgabe urtheilen, und frage bloß, wenn zu diesen 98 Tonnen Roggen, noch die sogenannten Frohndienste, Spinnerey u. s. w. gerechnet werden sollte, wie viel dem Bauer zu seiner Leibes-Nahrung und Nothdurft, dann noch übrig bleiben mag?

So war die Leibeigenschaft in ihrer Strenge, die dennoch allmählig durch Einrichtungen sanft denkender Könige, gemildert wurde. Gustav Adolph nahm dem Adel

Adel die Kriminal=Gerichtsbarkeit, erlaubte dem Bauer über seinen Herrn zu klagen, und gab den ersten Anlaß zu bessern Erwerbe unter den Leibeigenen. Niemand aber drang mit so vieler Weisheit in das Innere der Sklaverey, als Karl XI. Wäre sein Vorbild das Muster eines jeden Erbherrn geworden, so würde zuverläßig der Lief= und ehstländische Bauer, schon lange den Sinn der wahren Freyheit gefaßt haben, wenn er nicht gar schon ein freygebohrner Mann geworden wäre. Und in betracht der gemilderten Leibeigenschaft, bleibt die Revisions = Kommission eine wahre Epoche in Liefland. Denn wie ich eben gesagt habe, der Bauer verarmte oft, weil entweder keine ordentliche Haakenzahl vorhanden; oder noch öfterer, weil das Land des Haakens nicht nach seinem ordentlichen Werthe taxiret, und gehörig gradirt worden war. Daher sollte die Kommission, die Karl XI. festsezte, die Haakenzahl bestimmen. Und dieß geschah nach einer angenommenen Ausrechnung von Lande, Heuschlägen, Krügen, Mühlen, und Verwandelung. Was nun nach Abzug des Amtmanns=Lohns und 4 pro Cent Ver=

lust jährlich 60 Thaler eintrug, das war ein Haaken. Damit aber auch zugleich in dem Lande selbst keine Ungleichheit, bey Berechnung der Ausgaben, als auch der Taxation der 60 Thaler, entstehen könnte, so wurde das Land dermaßen gradirt:

14000 Ellen im Quadrat schwedisches Maaß, wurden für eine Tonne Aussaat gerechnet. Diese Tonne Landes wurde in 4 Grade vertheilt, und die Abgabe darnach eingerichtet.

1 Tonne vom 1sten Grad zu $2\frac{1}{3}$ Thaler
—— —— 2ten —— — $1\frac{17}{18}$ ——
—— —— 3ten —— — $1\frac{5}{9}$ ——
—— —— 4ten —— — $1\frac{1}{6}$ ——

Doch betraf diese eben angeführte Schäzung bloß das Bauerland. Denn die Hofsfelder von den adelichen Privatgütern waren schazfrey; und die Felder von den Kronsgütern wurden, weil der Hof mehrere Kultur seinem Lande geben kann, auch höher angeschlagen. Ungeachtet indeß die Privatgüter des Adels in ihren Feldern frey waren, so musten dennoch zur Berichtigung des Roßdienstes, alle Arbeit und praestanda der Bauern, auf das genaueste

von

von den Guthsherrn, bey Verlust des Landes, das er verheelete, angegeben werden. *)

Nur diese angeführten Stükke allein, zeigen, welche Fortschritte zur Milderung der Sklaverey, durch die Revisions-Kommission bewürkt worden wären, wenn Karl XI. seinen Willen hätte kräftiger durchsezzen wollen. Und da diese Untersuchung sich mit Berichtigung der öffentlichen Abgaben beschäftigte, die bis zu den heutigen Tag Statt finden; so ist ganz natürlich, daß aus dieser Revisions-Kommissions-Untersuchung unsere Wakkenbücher, oder die Richtschnur, das Arbeitsrecht der Bauern, entstanden sind. Ich rechne also nach meiner Ueberzeugung, das Jahr 1688 als die erste glükliche Epoche, da die Strenge der Leibeigenschaft durch die weisen Anordnungen Karl XI. nachließ.

Sein mächtiges Wort entschied in dieser Sache niemahlen, sondern er leuchtete
viel-

*) Eine nähere Bestimmung alles dessen stehet in der hinten angehängten Abhandlung: Genaueste Berechnung eines Haaken in Liefland.

vielmehr mit seinem weisen Beyspiele, dem liefländischen Adel als ein Muster vor. Denn er gab selbst eine Verordnung aus, wie er es in den Domainen oder liefländischen Kronsgütern mit den Bauern wollte gehalten wissen; und im Jahr 1696 erschien das Oekonomie-Reglement, das noch izt in den Kronsgütern strenge beobachtet wird. Eine in der That mit sehr vielem Verstande abgefaßte Anordnung, worin der König zeigt, daß der Bauer freylich Sklave seyn muß, weil die Verfassung ihn einmal dazu bestimmt hat; aber auch würklich dabey Freyheit genießen soll. Hier ist mit vieler Weisheit die wahre Mittelstraße zwischen Drang und Freyheit getroffen.

Das Wakkenbuch, das die Revisions-Kommission entwarf, ist die Norm in Gerechtigkeit und Arbeit, und nach Kap. III. §. 3. darf der Arrendator bey 2 Thaler Silbermünze für jeden Tag zu Pferde, nicht mehr Arbeit fodern, als dort verzeichnet stehet. Die dem Hofe in der Heuärndte nothwendigen Hülfstage oder mehrere Arbeiter, werden von der Arbeit abgerechnet; oder auch nicht anders als nach Gutbefinden

den des Statthalters, die Hülfstage bestimmt, und überhaupt ist alle Eigenmacht, alle freywillige Taxation der Arbeit, dem Arrendator untersagt, nur der Statthalter oder Oekonomie-Direktor entscheidet; alles Vermiethen der Arbeiter, oder deren Gebrauch auf fremden Gütern, kräftigst verboten; selbst des Riegenkerls, Mälzers u. d. g. Arbeiten sind bestimmt und von der Arbeit als Pferde-Arbeiter berechnet, obgleich sie zu Fuß kommen, davon die Ursache angegeben ist, weil der Wirth kommt. Zur Veräußerung der Revenüen soll der Bauer weder bey ganz schlechtem Wege verschikt werden, noch große Rükfrachten führen, noch selbst Mäkler in der Stadt seyn; sondern aller Aufenthalt der Bauren in der Stadt soll vermieden werden, und der Arrendator selbst nur für Arbeit, den Anspann der Bauren zu seinem Gebrauch genießen. Aller Eindrang in den Bauer-Ländereyen ist verboten, und den Bauern gar ein Eigenthum gelassen, denn es heißt §. 14. wörtlich also —
„Selbst aber muß kein Arrendator ei=
„nen Bauern unbilligerweise von sei=
„nem Gesinde verdrängen; wer das

Liefl. Gesch. F „thut,

„thut, soll vom Fiskal vor das Land-
„gericht citirt, und nach seinem Ver-
„brechen gestrafet werden, auch dem
„Bauern allen daraus genommenen
„Schaden zu ersezzen schuldig seyn.„
Die Besezzung der Gesinder kommt dem
Statthalter, also einer Gerichtsperson, zu.
Natürlich konnte der Herr nur das jus prae-
sentandi haben. Endlich wird nach Kap. V.
dem Bauer das Recht zugestanden, seinen
Arrendator bey der Oekonomie zu verkla-
gen, gar von dort an das General-Gouvernement zu appelliren, und beym Landgericht einen Prozeß zu führen; — und
wenn ein Wirth nach §. 2. etwas verbricht,
das Strafe oder Ersezzung verdient, so
kann der Arrendator selbst nicht decidiren;
sondern der verordnete Rechtsfinder und
unpartheische Bauern müssen entscheiden.

Glükliche Verfassung, zu der Karl XI.
nach Jahrhunderten den Kronsbauer erhob! Der Leibeigene, der dem Privat-
herrn gehörte, war seiner Taxation überlassen; seine Arbeit, seine Gerechtigkeit
konnte keine andere Milde fühlen, als
die, welche die Laune seines Herrn für
dien-

dienlich fand, selbst die Revisions-Kommission sagt es ausdrüklich. Aber der Kronsbauer hatte nun sein Gesez, das erste für den Bauer, nach seinem Sinn und nach seiner Lage geschriebene Gesezbuch. Er war und blieb immer glebae adscriptus, aber er verlohr nichts dabey, weil er gemessene Pflichten, und ein wahres Eigenthum zu genießen hatte. Im Ganzen stand er sich besser, als der ganz freye Bauer: denn in der Noth muste er Hülfe haben, und also niemals verarmen.

So sorgte freylich die Obrigkeit, die aber doch nicht dem geheimen Drang der Bauren abhelfen konnte. Gesezze, die in der Landes-Ordnung angeführt sind, beweisen das Raffinement der Guthsbesizzer. Dort ist bey dem Ausleihen des Korns auf Bath oder Interessen, dieser Wucher, weil er würklich in der Noth dienlich ist, doch bis zu 15 pro Cento d. i. von 6 den 7ten heruntergesezt; das sogenannte Mardergeld bey der Ausstattung der Mädchen nach fremden Gebietern verboten, und das Flächsenfahren (d. i. da Herrschaften entweder selbst oder durch ihre Bedienten in den Bauer-Gesindern herumfahren ließen, und

gegen

gegen Brandtwein, Tobak u. s. w. einen Tauschhandel auf Flachs, Korn und alles, was der Bauer hatte, machten,) als eine merkliche Schwächung der Bauern, gänzlich untersagt. *) Neuangelegte Hoflagen drükten den Bauer, und der Hunger, zu dem der Miswachs mit Gelegenheit gab, zwang ihn zum Ungehorsam. Der nun schon arm gewordene Bauer hatte, weil er wahrscheinlich keinen Erwerb vor sich sahe, selbst die Lust zum Arbeiten verlohren. Er vermiethete sein Land an Andere, und entfernte sich aus Mangel an Unterhalt, über die Grenze. **) Schaarenweise zogen sie nach den Städten, um nur den Magen zu füllen, denn die vielen Miswachs-Jahre, die izt noch als Epoche unter den Bauern genannt werden, gaben ihnen im Lande kein Brodt.

Diese Hungersnoth, mit dem darauf folgenden Krieges-Ungemach, ließen den Zustand der Bauern, in derselben Verfassung bleiben, und es wurde keine andere Aenderung in der Erbgerechtigkeit vorgenom-

*) Landesordnung S. 686 und 87.
**) Landesordnung. S. 664 u. f.

nommen, als daß denenjenigen christlich denkenden Herren, welche die Bauern während der Hungerjahre ernährt hatten, die zugelaufenen Bauern erblich zugeschlagen wurden. In dem Patente vom 24. Julii 1713 stehet wörtlich also: „mit denen aus „großer Noth und mangelnder Subsistance „halber in denen Hungerjahren 1695, 96, „97, in andere Gebiete gegangenen Leuten, „wird dergestalt gehalten, daß diejenigen, „welche junge Kinder gewesen, und gegen „die erhaltene Subsistance keine Dienste ha- „ben ihren Wirthen, welche sie aufgenom- „men haben, thun können, dieselben all- „dorten, wo sie aufgenommen und conservi- „ret worden, erblich bleiben. Diejenigen „aber, welche vor ihre genossene Erhaltung „Dienste gethan, ihren Erbherrn ad requi- „sitionem ausgeliefert werden müssen,„ — Nachgehends: „wenn mit Zeugen, deren „Habilität jedoch mit Fleiß zu untersuchen „ist, genugsam docirt werden kann, daß „einige Erbherrn oder Arrendatores, ihre „Bauren in den großen Hungersjahren we- „der helfen können, noch wollen, sondern „aus ihren Gebiethern wissentlich gehen las- „sen, oder auch wohl gar verstoßen haben;

„so

„so bleiben dergleichen aufgenommene Leute, „daselbst, wo sie durch die genossene Subsi„stance erhalten worden, erblich."

Endlich gab die Vorsehung dem bedrängten Lieflande, das seit zwey hundert Jahre, alles Leiden gefühlt hatte, welches einem Lande schwer werden kann, glükliche und frohe Zeiten. Liefland wurde dem russischen Zepter unterthänig, und genießt seit dieser Zeit Friede und Wohlstand. Das Herz erfreut sich, wenn man die Geschichte dieses Landes studirt, und auf die rußische Regierung kommt. Sogleich erscheint eine andere Welt, und es zeigen sich andere, frohere Aussichten. Alles lebte auf und fing an zu blühen. Der Edelmann beschüzt, und von dem Zwange der Reduktion befreyt, wurde Landmann, hatte wenig Abgaben, weil das Geld durch den bessern Handel mehr zu cirkuliren anfing; erweiterte seine Felder, fing stärkern Brandtweinsbrand an, mästete Ochsen, und erhob das Landwesen dergestalt, daß sein Guth ihm einen Handel en gros verstattete. Kein Wunder, wenn bey so glüklichen Zeiten der Werth der Landgüther allmählig dreymal so hoch gestiegen, und ein Haaken Lan-

Landes, das noch zu der lezten schwediſchen
Zeit kaum 1000 Thaler werth war, izt mit
3 auch wohl 4000 bezahlet wird. Und
der dem Edelmann erbgehörige Bauer, kann
dieſe Regierung als die glüklichſte Epoche
nennen, da die Obrigkeit mit Muttermilde
ſeiner ſich annahm, und der Eigenmacht
die beſten Gränzen ſezte.

Aber ſo iſt das Schikſahl der Menſchen an allen Enden der Welt: wir genießen froh, was uns von der Vorſehung
geſchenket wird, und danken der gütigen
Regierung, welche Freyheit, und Gelegenheit zum Erwerbe, giebet; dahingegen
diejenigen, die unſerer Sorgfalt anempfoh-
len ſind, aus einem andern Geſichtspunkte
angeſehen werden. Sogar mit den beſten
Abſichten gegen die Leibeigenen, ſind ſehr
oft Erbherrn geneigt zu denken, die Wohlfahrt ihrer Sklaven beruhe keinesweges in
der großen Glükſeligkeit, daß auch die
Bauren ihren Neigungen folgen, oder ihre
Talente glüklich anwenden; ſondern einzig
und allein in der unterthänigen Bereitwil-
ligkeit, daß ſie ſich alles das gefallen laſſen, was ihre Herren zu ihrem Beſten aus-
geſonnen haben. Ich mag dieſes Raiſon-

ne-

nement, das sicher in dem Herzen der mehresten Erbgebietiger keimt, nicht ausführen, sondern ich schreite weiter in der Geschichte.

Eine geraume Zeit hindurch blieb der Bauer in derselben Verfassung. Sein Druck wurde durch seines Raffinement dem Blikke des Richters entzogen; das Erbrecht aufrecht erhalten, und dem Verlaufen Einhalt gethan. Aber dennoch muß der Bauer die eiserne Hand des Joches gefühlt haben, da die Erbherren so gar das Gefühl der Liebe, zu den Rechten ihrer Erbherrschaft zogen, und den Ehen Hinderungen machten. Dahero sahe die Regierung sich im Jahr 1756 veranlasset, durch ein öffentliches Patent dem Lande zu befehlen, daß dem Heyrathen der Bauern keine Hinderung in den Weg gelegt werden sollte.

Indeß dachten doch würklich nicht alle Herren hart; es waren immer, so wie itzt, menschenfreundliche, gütige und christliche Erbherren, die mit Milde auf ihre Bauern herabsahen. Von allen den Menschenfreunden nenne ich keinen einzigen, ausser nur den bereits verstorbenen Herrn Landrath

rath Baron von Schoultz, und das bloß aus der Ursache, weil Er sich öffentlich für die Rechte der Bauern ausgezeichnet hat. Er gab seinem Gebiete im Jahr 1764 sein gedrucktes **Ascheradensches Bauerrecht**, welches ich im ersten Anhange aus dem Lettischen übersezt, beyfüge. Freylich hat Manches in diesem Rechte, izt da ich schreibe, seine Neuheit aus der Ursache verlohren, weil hernach sanftere Gesezze die Strenge der Leibeigenschaft gemäßigt haben, und mildere Denkart gäng und gäbe worden ist; aber im Jahr 1764 war dieses Recht für den privaten Bauer, nach vielen Jahrhunderten, das kostbarste Kleinod, das ein Menschenfreund seinem Leibeigenen schenken konnte. Landrath Schoultz war der Erste in Liefland, der seinen Leuten, wahres Eigenthum und gemessene Pflichten zugestand. Nur schade, daß der Zwist, den ich wörtlich aus dem Landtags-Rezeß von 1765 anführen könnte, wenn ich nicht zu erbittern befürchtete, daß dieser Zwist, zu dem das ascheradensche Recht Gelegenheit gab, offenbar darthut, daß Sanftmuth und Milde, damals noch nicht der herr-

F 5   schen-

schende Charakter unserer Erbherren gewesen seyn.

Aber das Seufzen der Leibeigenen drang aus der niedern Hütte bis vor den Thron, und Catharina hörte gnädig ihre Klagen. Ich kann die huldreiche Fürsorge unserer Monarchin nicht besser schildern, als wenn ich wörtlich die Proposition des Herrn General-Gouverneurs und Grafen von Browne auf dem Landtage in Riga am 26. Januar 1765, anführe. Diese Proposition schildert mehr als alle Beschreibungen, die herrschende Denkart der Zeit gegen den Leibeigenen, und heißt in dem 3ten Punkte also:

„Das dritte momentum, welches Einer „Edlen Ritter- und Landschaft proponiren „muß, ist sowohl wegen des speciellen Allerhöchsten Auftrages, der mir deshalb „geworden, als wegen seines das Publikum gar sehr interessirenden Gegenstandes, „so wichtig, daß es alle Attention Einer „Edlen Ritter- und Landschaft auffordert, „und die gemessensten Entschließungen erheischet."

„Es

„Es betrift solches den etwanigen Zu-
„stand der Bauren in dieser Provinz, und
„die Mittel, wie diesem am füglichsten abzu-
„helfen.

„Ihro Kayserliche Majestät! deren
„Landesmütterliche Sorgfalt sich auch auf
„die geringsten Dero Unterthanen erstrek-
„ket, und der Sonne gleich, auch die tief-
„sten Thäler beleuchtet und erwärmet, ha-
„ben durch die bey Denenselben ange-
„tragene Klagen, mit Mißfallen erfah-
„ren, auch zum Theil bey Dero passage
„wahrgenommen, in wie großen Bedruk
„der Bauer in Liefland lebe; und da Aller-
„höchst Dieselben, dieser misere abzuhelfen,
„und sonderlich der tyrannischen Härte
„und dem ausschweifenden despotismo,
„(ich bediene mich hier der eigenen Aus-
„drükke unserer großen Monarchin) Grän-
„zen zu sezzen, um so mehr entschlossen,
„als das dominium supereminens der Krone,
„dadurch benachtheiligt würde, so haben
„Ihro Kayserliche Majestät mir wieder-
„holentlich den Befehl werden lassen, die-
„sem Uebel nicht nur selbst möglichst zu steu-
„ern, sondern auch Allerhöchst Denensel-
„ben, allerunterthänigst an die Hand zu

"geben, wie die Mißbräuche, die von dem
"Erbrechte gemacht werden, gründlich zu
"heben, und das Schikfahl der Bauern,
"auff eine billige und erträgliche Weise zu
"bestimmen.

"So sehr indeß Ihro Kayserl. Ma-
"jestät Weltgepriesene Gerechtigkeits-Liebe
"entfernt ist, Eine Edle Ritter- und Land-
"schaft in ihrem wohlerworbenen Eigen-
"thum alsdann zu nahe zu treten, wenn
"dessen Gebrauch mit den Regeln der Hu-
"manität und Religion harmoniret; so ei-
"frig wird sich Eine Edle Ritter- und Land-
"schaft bestreben, Ihro Kayserl. Maje-
"stät huldreichsten Absichten, auf eine sa-
"tisfacirende Art entgegen zu gehen, und
"auf gegenwärtigem Landtage solche Anord-
"nungen zu etabliren, die das Schikfahl
"der Bauren auf einen erträglichen und fe-
"sten Fuß sezzen. Damit dieser Endzwek
"desto zuverläßiger erreicht werde, so kann
"ich nicht umhin in den detail der violenten
"proceduren zu entriren, durch welche an
"den mehresten Orten hier im Lande, der
"Bauer entweder aufgerieben, oder verjagt
"wird, und welche meines Ermessens ab-
"zustellen wären. Ich räume hiebey wil-
"lig

„lig und billig ein, daß nicht allen Herren
„possessoribus die anzuführenden Ausschwei=
„fungen zu imputiren sind, da bekannter=
„maßen Viele derselben, mit der rühmlich=
„sten aequanimité hierin zu Werke gehen.
„Da aber gleichwohl das Uebel sehr ver=
„breitet ist, und sich noch weiter ausdeh=
„nen dürfte; so werden hier generale Ein=
„richtungen und remeduren erfodert.

„So viel ich entdekken können, lässet
„sich alle Beschwerde auf drey Hauptstükke
„reduciren, nehmlich:

1) „Wird dem Bauer durchaus kein
„Eigenthum, auch selbst in denen Stükken,
„die er durch sein Schweiß und Blut er=
„wirbt, zugestanden.

2) „Seine Abgaben und seine prae=
„standa sind ganz unbestimmt, und er muß
„täglich neue Auflagen, und zwar solche
„gewärtigen, zu denen weder sein Körper,
„noch seine Haabe und Vieh, hinlangen.

3) „Bey seinem Verbrechen wird er zu
„hart gezüchtigt, und öfters auf eine Art
„handthieret, die seinen Vergehungen so
„wenig angemessen, als mit den Empfin=
„dungen eines Christen zu conciliiren ist.

„Die

„Die Richtigkeit des ersten gravaminis
„ist notorisch. Der Bauer ist nicht nur in
„dem Besiz seines Landes, und derer von
„ihm erbauten Kathen, so unsicher als der
„Vogel auf dem Dache; sondern auch in
„Ansehung seines geringen mobiliar-Ver-
„mögens noch unsicherer. Findet der Herr
„was bey ihm, so ihm gefällt, es sey Pferd,
„Vich, Fasel oder sonst was, so wird es
„entweder für einen selbstbeliebigen gerin-
„gen Preiß, oder ganz umsonst, genom-
„men. Selbst die jährlichen Feldfrüchte,
„die der Bauer so sauer und mühsam aus
„der Erde, zu seinem und der Seinigen dürf-
„tigen Unterhalt hervorsucht, sind nicht vor
„dem Herrn sicher. Wie ists möglich, daß
„die arme Menschen, in einer so unglükli-
„chen Situation, das geringste zu erwerben
„suchen sollten, da sie alles dessen, was
„sie vor sich bringen, nicht einer Stunde
„sicher sind!

„Die zweite Bedrükung ist noch häufi-
„ger, und durch mehrere Fälle vervielfälti-
„get. Ausser der ordinairen Arbeit und
„Gerechtigkeit, die auf dem Land haftet,
„sind die Neben-praetanda unbestimmt,
„und ohne Ende. So billig die Landes-
„Me-

„Methode ist, daß der Bauer dem Erb-
„herrn, bey der Aerndte, bey dem Mist-
„führen, bey Erbauung der nöthigen Ge-
„bäude, bey Reinigung der Heuschläge,
„Fällung und Abflösung des Holzes, an
„denen Orten, wo dergleichen statt hat ꝛc.
„helfe; so nöthig ist es doch, daß dieses
„alles bestimmt sey, und mit dem Vermö-
„gen der Bauren in einem Verhältnisse stehe;
„daß z. E. zu jeder Arbeit, nach der Größe
„der Gesinder, gewisse Tage auferleget wer-
„den, und daß diese Arbeit, nur zu diesen
„Erfordernissen angewendet, und wenn sol-
„che nicht nöthig, der Bauer nicht an de-
„ren Stelle, zu andern Frohndiensten an-
„gestrenget werde; so aber gehet alles hier-
„in willkührlich zu. Dem Bauer werden
„ausser seiner Arbeit, Stükke in den Hofs-
„feldern zugemessen, die er von Hause be-
„arbeiten muß, und zwar alles ohne einige
„bonification. Die Fuhren werden ganz
„indeterminat genommen, und nicht nur
„zur Verführung der Hofs-Gefälle, son-
„dern auch fremder Waaren, die zuweilen
„vielfach jene an Menge und Schwere über-
„treffen, zu aller Jahreszeit nach Belieben
„ausgetrieben; und wenn auch der Herr
„dem

"dem Bauer, der solchergestalt um seinen
"Anspann gebracht wird, wieder derglei-
"chen vorstrekket, so ist doch der Bauer da-
"durch nicht gebessert, weil er den Vorschuß
"bezahlen, mithin in Schulden versinken,
"und doch erwarten muß, durch die unauf-
"hörlichen Fuhren, um den neuen Anspann,
"eben so, wie um den vorigen, zu kom-
"men.

"Nächstdem ist der im Lande so sehr
"angewachsene Brandtweinsbrand, eine
"Hauptquelle des Unglüks für die Bauren.
"Es werden nicht nur die Leute zum Bren-
"nen ausser der Arbeit aus den Gesin-
"dern genommen, und theils durch die
"blutsaure Arbeit, in dem Rauch und
"Dampf derer mehrentheils schlechten
"Brandtweinshäuser, theils durch die Ge-
"legenheit zu dem ihnen so sehr anklebenden
"Saufen, völlig um ihre Gesundheit ge-
"bracht; sondern auch durch die Auflage,
"aus einer unhinlänglichen quantitaet Ge-
"traydes eine gewisse Parthey Brandtwein
"zu schaffen, und was daran fehlt, aus
"dem Ihrigen zu ersezzen, gänzlich ruiniret.
"Denn zu geschweigen, daß nicht alles Ge-
"traydes von gleicher Güte und Stärke ist,
"so

„so ist ja der Bauer in solchen chymischen
„Operationen, die zuweilen, der Herr selbst
„nicht verstehet, sondern nur von Andern
„höret, so unerfahren, daß ihm ein Fehler
„darin, unmöglich mit einiger Billigkeit
„imputiret werden kann.

„Die dritte Bedrükkung der Bauren ist
„der Excess in ihrer Bestrafung. Dieser
„ist so enorm, daß das Geschrey davon zu
„meinem empfindlichen Kummer, bis an
„den Thron gedrungen. Die kleinste Ver-
„gehungen werden mit 10 Paar Ruthen ge-
„ahndet, mit welchen nicht nach der gesez-
„lichen Vorschrift, mit jedem Paar drey-
„mal, sondern so lange gehauen wird,
„als ein Stumpf der Ruthen übrig ist, und
„bis Haut und Fleisch herunter fallen. Die
„Bauren werden Wochen und Monate lang,
„und öfters in der größesten Kälte, in den
„Kleeten, in Eisen und Klözen auf Wasser
„und Brod gehalten. Lauter Strafen, die
„alle Schranken einer Privat-Züchtigung,
„ungebührlich übersteigen, und mit denen
„nur die Gerichte in schweren Verbrechen,
„und auch alsdann gelinder, verfahren,

Liefl. Gesch.   G   „in-

„indem sie wenigstens die inculpatos in war„men Gefängnissen aufbehalten."

„Was kann aus so vielen Bedrükungen, „und gewaltsamen Proceduren natürlicher „folgen, als daß die Bauren, denen selbst „das Leben dabey zur Last wird, alle Lust „zum Erwerben und Wirthschaften verlieh„ren; sich der Verzweifelung und Lüder„lichkeit überlassen, und wenn sie durch „diese, wie durch die Erpressungen gänzlich „erschöpft sind, nicht nur ihre väterliche „Wohnstellen verlaufen, sondern ganz und „gar aus dem Lande flüchten? was kann „aber auch nachtheiliger für das Interesse „publicum und selbst für den reellen Wohl„stand der privatorum seyn, als eine solche „destruction eines so unentbehrlichen Stan„des?„

Nach dieser Schilderung, die nur ein Verweser der Gerechtigkeit mit Huld und Vaterliebe geben kann, giebt der Herr General=Gouverneur selbst, Anleitung, wie dem Uebel zu steuren sey, und wie er sich in dem Schluße dieser Proposition ausdrükt, den allerhuldreichsten Absichten unserer großen Landes=Mutter gemäß, das

das Schikſal unglüklicher Geſchöpfe verbeſſert werden ſoll.

In der 6ten Propoſition an die Ritterſchaft ſtellte der General-Gouverneur den Unfug vor, der durch den auſſerordentlichen Brandtweinsbrand entſtehet, da zu 5 Kopel, alſo beynahe nur für 1 Groſchen deutſchen Geldes, ein Stof Brandtwein verkauft wurde, und vermeinte, daß die vielen Schenkereyen den Höfen und Adelſizzen unanſtändig ſeyen. In der 7ten Propoſition ſagt er wörtlich alſo: „Ferner „wird es höchſt zuträglich ſeyn, daß das „gänz uneingeſchränkte Verkaufen der Menſchen reſtringirt würde — — Es iſt „mit dieſem Handel, durch welchen Kinder „von ihren Aeltern, und zuweilen gar Männer von ihren Weibern, getrennet werden, „ſo weit gediehen, daß Erbherren, die ihrem Ruin entgegen eilen, ihre Leute theils „einzeln, theils in ganzen Familien, mit „ihrer Haabſeligkeit (ſo viel ſie nehmlich „ihnen zu laſſen für gut gefunden,) öffent„lich dem Meiſtbietenden feil ſtellen, ja „zuweilen über die Gränze verkaufen. Wie „nun das leztere das dominium supereminens der Krone rühret, und von dem „Kay-

"Kayserl. General-Gouvernement aufs
"nachdrüklichste prohibiret werden wird, so
"würde Eine Edle Ritter- und Landschaft
"sich selbst und ihrem Rufe prospiciren,
"wenn in diesem Stükke eine heilsame Mäßi-
"gung beliebet und festgesezzet würde."

In der 8ten Proposition wünscht dieser
menschenfreundliche General-Gouverneur, daß eine Anstalt getroffen würde,
daß einige Chirurgi im Lande bestellt werden könnten. Mancher der armen Leute,
sagt er, würde durch ein zeitiges Aderlas-
sen, dem Tode aus dem Rachen gerissen
werden.

Ach ein trauriges Gemälde, das in
unsern Zeiten, wo hundert Akademien
Weisheit lehren, und wo tausende Weisheit kaufen, noch Statt finden darf. Ein
Gemälde, das nicht erdichtet ist, sondern
das aus actis publicis wörtlich genommen,
dasteht, und in den Archiven also aufbe-
wahret wird. Freylich vertheidigte sich die
Ritterschaft gegen alle diese Anschuldigun-
gen, und sagte in dem dritten Punkte:
"Wie es aber gewiß nur von wenigen ein-
"zelnen Personen hier im Lande, und unter
"die

„dieſen vielleicht auch größentheils von ſol-
„chen Poſſeſſoribus, die den alten privilegiis
„der Ritterſchaft und dem 19. Punkt der
„Capitulation zuwider, das Recht, Güther im
„Lande zu beſizzen uſurpiret, wird geſagt
„werden können: alſo nimmt die zu gegen-
„wärtigem Landtage verſamlete Ritterſchaft
„keinen Theil daran, ſondern überläßt dem
„cuſtodi jurium Majeſtatis gerne und wil-
„ligſt, ſie nach ſeinem officio in foro com-
„petenti auszuklagen, und dem Richter,
„ſie wegen des beleidigten dominii ſuper-
„eminentis, oder der Zerſtörung ihres Ei-
„genthums, zu beſtrafen.„ — Gerne enthalte ich mich aller Entſcheidung in dieſer
Sache, weil ich keine gerichtliche Unter-
ſuchungen hierüber geleſen habe; allein
als Geſchichtſchreiber muß ich die Wahrheit deſſen ganz bezweifeln, daß nur diejenigen, die den alten privilegiis zuwider,
das Recht Landgüther zu beſizzen, uſur-
pirt haben, mit Unmenſchlichkeit gegen
ihre Bauern verfahren ſind. Die nach dem
Landtage allgemein publicirten Geſezze ſpre-
chen dagegen, und ein Mitbruder der Ritterſchaft, ein Mann vom erſten Rang unter dem Adel, der Landrath Baron

von

von Schoultz, sagte es, wie ich nachgehends anführen werde, öffentlich auf der Ritterstube, dem Adel selbst, daß auch die wirklich geszmäßig privilegirten Erbherren und Edelleute, von dem Druk gegen ihre Bauern sich nicht frey sprechen könnten. Doch ich schreibe keine Geschichte des Ritterhauses, sondern schildere nur den Charakter der Zeit, der durch die menschenfreundliche Proposition des General-Gouverneurs milder gegen die Bauern zu werden anfing. Denn auf diesem Landtage machte die Ritterschaft unter sich ab,

1) Derjenige, welcher einen liefländischen Bauer ausserhalb den Gränzen verkauft, soll 200 Thlr. Strafe erlegen;
2) Gleicher Strafe sey auch derjenige unterworfen, welcher einen Bauern auf dem Markte verkauft;
3) Wer aber bey dem Verkauf gar eine Ehe trennt, soll 400 Thlr. Strafe erlegen.

Und das General-Gouvernement ließ in der lettischen und ebstnischen Sprache, als ein Gesez, von allen Kanzeln den Bauern im April 1765 kund thun:

„Daß

„Daß wenn der Bauer seinem Herrn
„nichts an Arbeit, Gerechtigkeit und
„Vorstrekkung schuldig ist, so soll er ei-
„genthümlich behalten, was er erwer-
„ben kann, oder von seinen Eltern er-
„erbet;

„daß die Gerechtigkeit, *) die izt (1765)
„bestimmt worden ist, niemals erhöht
„werden soll;

„daß es denen Bauern frey stünde,
„über ihre Herren zu klagen, jedoch wenn
„sie erst bescheidene Vorstellungen denen
„Herren gethan hätten, und dann den
„Richter um Milderung ihres Druckes
„zu bitten.„

Hofrath Schlözer hat dieses Patent von dem 12. April 1765, in seinen Staats-Anzeigen, in einer bittern Art, der Welt vor Augen gelegt. Seine Anmerkungen erniedrigen mit jedem kernhaften Worte, den liefländischen Bauer noch unter den Neger-Sklaven. Ich habe nur den Sinn des Gesezgebers ausgezeichnet, und nicht das ganze Patent in seiner Weitläuftigkeit

her-

---

*) Die Natural-Lieferung der Bauern an ihren Erbherrn. A. d. H.

hersezzen mögen, weil jenes zur Charakteristik der Zeit hinreichend ist, und ich mich gerne aller Bemerkungen enthalte. Denn nach den Regeln der Geschichtskunde, darf der Geschichtschreiber von der ganz neuen Zeit, eben so wenig urtheilen, als von dem grauen Alterthum.

So viel ist zuverläßig, daß nach dieser Zeit die Bauern mit etwas mehrerer Sanftmuth behandelt wurden. Sie sind noch immer Sklaven; doch fühlen sie nur dort den Druk, wo das Raffinement List zu ersinnen weiß, und dieß menschenfreundliche Patent, ohne Erkenntniß und Wissen der Bauern, fein auszulegen versteht. Deutlich bezeugen diese Wahrheit das vom General-Gouvernement neuerlichst publicirte Gesez, daß kein Erbherr, der seinen Bauer schon gezüchtigt hat, ihn mehr zur publiquen Arbeit senden soll; und noch mehr bestärken dieses die Entscheidungen der Richter selbst, die bey den Bauer-Unruhen 1784, sehr oft dem Leibeigenen, Recht zusprachen. Das Krons-Wakkenbuch wurde bey jedem Guthe, wo sich Unruhen fanden, wenigstens in einiger Rüksicht, zur Richtschnur in der Arbeit festgesezt,

sezt, und mancher Hof hat hiernach einen Theil seiner Korden *) Spinnerey u. d. gl. verlohren. —

Doch die Zeit ist zu nahe, als daß ich unter noch lebenden Personen sie zu beschreiben, wagen sollte. Genug, die Morgenröthe bricht an, da nach sieben hundert Jahren, Catharina durch weise Anstalten, und durch kraftvolle Gesezze, dem verachteten Bauer, Rechte gibt, und auch Sklaven ein glükliches Leben schenket.

Wenn ich das Resultat aus meiner eigenen Untersuchung ziehen darf, so folgere ich ganz natürlich aus der Geschichte der Sklaverey der Bauern in Lief- und Ehstland,

den Charakter derselben.

Ungebildet fanden die ersten Missionärs einen Haufen Menschen, der vielleicht nicht

mehr

---

*) Mägde, welche die Bauern liefern müssen, um das Hofs-Vieh zu füttern und zu weiden.

mehr als nur den Begrif des Eigenthums hatte. Zwar war ihr Vorwand, warum sie Liefland besuchten, Heiden zu bekehren; aber sie wurden Usurpatoren, die wie ihr Zeitalter dachten, und alles auf Ritter-Rechte und Feudal=System zu gründen suchten. Fern von der feinen Politik, ihre Kolonien durch Sitten und Gesezze sich so verbindlich zu machen, wie ehmals Rom es that, war Herrschsucht ihr Beginnen, und Dumheit die Fessel, die den Letten und den Ehsten in der Sklaverey erhielt. Kein Einziger bildete durch die Religion, die er zu predigen doch berufen war. Ein jeder suchte Land und Leute, ward groß durch seine Thaten, und tödtete die Freyheit der Unschuldigen, die er bekehren wollte. So verflossen Jahrhunderte; und der Bauer blieb immer noch, wie ich in der Geschichte gezeigt habe, das rohe Kind der Natur. Seine Religion war Gehorsam gegen seinen Erbherrn, und seine Tugend allenfalls die Nüchternheit, aber allezeit Fleiß in seiner Arbeit. Er blieb ungebildet, und ist es leider noch bis auf den heutigen Tag. Daher sind

seine Sitten roh, und seine Empfin-

pfindungen rauh. Der Bauer ist und
bleibt immer so, wie ihn die Mutter Natur hat werden lassen. Die wenigen Aufklärungen, die sich hin und wieder, obgleich
noch selten, finden, haben ihn doch nicht
weiter sehen gelehrt, als das Guth, unter
dem er erblich gebohren ist. Daher sind
ihm die uralten Gewohnheiten seiner Vorfahren ehrwürdig, weil er würklich nicht
denken kann; und sein Aberglaube bleibt
ihm heilig, weil er wahrlich auch nichts
Besseres weiß. Denn der Unterricht der
Prediger kann ihn nicht bilden, weil der
Bauer noch nicht die große Kunst gelernt
hat aufmerksam zu seyn, und weil die
Schulanstalten in ihrer Simplicität, ihm
keinesweges die Hand bieten können. Der
Bauer denkt sinnlich, in dem eigentlichsten
Verstande, weil er nicht zu begreifen versteht; und hat ausser Wunden und verzerrtem Schmerz, kein Mitgefühl, weil dazu
Kultur gehört. Sein Haß ist gränzenlos
und seine Liebe affenmäßig, denn er kann
bis itzt noch nicht den Sinn der wahren Tugend fassen. Und beyde Nationen, die lettische sowohl als die ehstnische, haben noch
keinen Namen für die Tugend: Tikkum

auf

auf lettisch d. i. Artigkeit, Mode, Sitte wird für Tugend gebraucht; und head kombed gute Sitten heißt auf ehstnisch die Tugend. Wie sinnlich ausgedrukt, da er noch nicht Tugend und gute Sitten zu unterscheiden weiß! Der Prediger muß daher hauptsächlich lehren, sey der Obrigkeit unterthan! so fließen seine Sitten auch zur Tugend, doch nur nach seiner Art.

Anständigkeit in den Sitten, ist dem Letten so wie dem Ehsten unbekandt. Beyde scherzen so nahmhaft deutlich, mit jedem Ausdruk der Natur, wie der rohe Mensch an allen Orten. Denn die erste Bildung, die durch Schulen Sittsamkeit lehren soll, ist seit Lieflands Entdekkung noch nicht eingeführt. Es ist wahr, wir haben Schulen, und ich werde nachgehends Gelegenheit nehmen, sie näher zu beschreiben; aber jeder Falke, der zum Beizen abgerichtet wird, lernet mühsamer und besser seine Kunst, als der Bauer-Jüngling, der wie er in seiner Sprache redet, ein Mensch werden will, d. h. sich zum heiligen Abendmahl in die Lehre begiebt. Verlassen von aller Kultur, weiß der Lette so wenig als
der

der Ehste, die Wörter höflich und anstän-
dig auszudrükken.

Seit den ersten Jahren der Entdekkung
zeigten sich, die Deutschen als Herren dieses
Landes. Schmeicheley überredete die Einwohner in Liefland, den Pilgrimmen eine
Niederlage zu erlauben; List brachte sie
um ihre Rechte, und Kriegesmacht erniedrigte den Lief- und Ehstländer, wie wir
in der Geschichte gesehen haben, zum Sklaven. Jede Aussicht, diesen Zustand
zu verbessern, wurde gefließentlich vermieden, und der Eingebohrne sank bis zur
Verachtung hernieder. Ists dann wohl
noch ein Wunder, daß eine Abneigung gegen den Deutschen entstand? Was soll,
was kann ihn an seinen Herren fesseln? er
bewundert freylich seinen Glanz, aber sagt,
wenn ich in dem Ausdruk des Bauern reden darf, das ist der Schweiß meines An-
gesichts!

Kaum hatten die ersten Ankömmlinge
in Liefland festen Fuß gefaßt, und gleichsam ihr Regiment geordnet, so war, wie
ich in der Geschichte dokumentirt habe, jeder Edelmann in seinem Erbguthe auch Herr
über

über das Leben und den Tod seiner Bauern. Dieß erwekte ganz zuverläßig Furcht und Grauen bey den ersten Einwohnern; aber Schrekken und tödliche Erbitterung mußte sich noch mehr verbreiten, da jeder Erbherr ohne Unterschied, einen Jeden, der sich als Uebelthäter in seiner Grenze betreten ließ, hinrichten konnte. Denn wenn gleich der dumste Mensch den geſezmäßigen Richter ehrt, weil er den Werth der Gerichtsbarkeit sichtbarlich erkennt; so artet doch ganz sicher das Heiligthum des Rechts in unversöhnlichen Haß aus, wenn kein positiver Richterstuhl bestellet ist, sondern ein Jeder ohne Unterschied bey Hals und Haut richten darf. Und in Liefland mußte die Ehrfurcht gegen das Recht noch mehr in schaudernden Haß sich auflösen, weil die Sage der Vorfahren ganz neu unter den Bauern war, daß die Deutschen, so wie die Letten es dem Priester Theodorich vorwarfen, aus Armuth hieher gekommen wären. Zwar hob Gustav Adolph weislich dieses barbarische Recht, und machte den Bauern andern Menschen gleich; aber die Strenge der Sklaverey blieb dennoch zurük; und der geheime Drang hat sich bis

zu

zu den neuesten Zeiten erhalten. So wäre es freylich ein Wunder, wenn der Bauer noch in seinem Herzen ein Freund des Deutschen seyn könnte. Nein, sein Schiksal hat den Haß in seiner Seele gebohren; er ist und bleibt in seinem Herzen ein Wiedersacher des Deutschen. Daher ist Saks tulleb d. h. der Deutsche kömmt, das Schrekbild, womit der ehstnische Bauer sehr oft sein lärmendes Kind beruhigt.

Schwerdtbrüder und Ritter des deutschen Ordens sezten sich allmählig, mit Kriegesrecht, in den Besiz des Landes, das sie den Liwen nahmen. Dadurch wurde der eingebohrne Lief- und Ehstländer, nicht nur seines Eigenthums beraubt; sondern man ging stufenweise so weit, daß er gar kein Eigenthum mehr hatte. Seine Freyheit sank so tief, daß er nicht einmal ohne Erlaubniß heyrathen durfte; und zum Erwerb war ihm gar keine Aussicht in keiner Art vergönnt. Eigenmächtige Auflagen taxirten ihn, nach dem Gefallen seines Herrn; und so bezahlte seine Arbeit kaum mehr den Lohn seines Fleißes. Bey solchen Umständen, müste die menschliche Natur nicht das mehr seyn, was sie ist,

wenn

wenn nicht Ueberdruß entstehen, und sich schnell Faulheit erzeugen sollte. Und Faulheit ist auch würklich unserm Bauer eigenthümlich. Nicht angebohren, aber doch durch die Eigenmacht der Herren, die ihm erst im Jahr 1765 ein Eigenthum erlaubten, angeerbt. Genommen hat ihm freylich Niemand etwas, aber die Erfahrung zeigt es in allen Ständen, und in allen Ländern, daß nur da der Trieb zur Arbeit stark und daurend ist, wo Erwerb und Aussicht zu einem bessern Leben, der gewisse Lohn des Fleisses seyn darf; in Liefland hingegen war alles von der ersten Zeit der Entdekkung herab, angewandt, diesen Trieb in seinem Keime zu erstikken. Daher ist es leicht zu begreifen, daß der ungebildete und bedrängte Bauer von jeher, Ruhe als ein Glük des Lebens angesehen hat, und Faulheit zu seiner Charakteristik worden ist. Seine Lage zwang ihn wider den Willen seines Herrn dazu.

Doch ich entehre einen ganzen Stand von Menschen, wenn ich bloß die fehlerhafte Seite zeichne, zu der sie ein unglükliches Schiksahl gezwungen hat. Nochmahls wiederhohle ich es laut, die Fehler

unse-

unserer Bauern sind nicht angebohren, sondern durch die Strenge der Leibeigenschaft angeerbt. Unser Sklave hat wahrlich auch seine sehr gute Seite, die nur die wohlthätige Hand desjenigen erwartet, welcher die Knospe zu entfalten sich bemüht.

Das feine Gefühl von Ehre, das der Deutsche nach langer Zeit sehr subtil erkünstelt hat, kann und muß nicht bey dem Bauer seyn, es würde ihm nur schaden; aber das simple schlichte Gefühl von Stolz, und die kleine Aussicht in den Augen seines Erbherrn eine wichtige Rolle zu spielen, darin sezt der Lief- und Ehstländer würklich viel. Der Schwarm unserer Bedienten, der auch bey dem Reichsten im Lande, aus den Bauerjungen genommen wird, zeigt, wie leicht sich der Bauer über seinen Stand zu erheben, und sich schiklich nach allen Falten zu beugen weiß. Die Aufseher in der Wirthschaft, unsere Staraste, Kubjasse, Schilter u. d. g. fühlen ihre Würde, und sezzen sich allmählig über ihre Brüder weg. Jeder Bauerwirth ohne Unterschied, dem das Schiksahl einen gütigen Herrn zugewiesen hat, weiß sich gegen seine Knechte ein Ansehen zu geben, und wird sicher jedem

Liefl. Gesch.   H   Knecht,

Knecht, der nach seiner Tochter freyt, den Korb geben.

Sehr oft fühlt der Lette und Ehste so gar die Ehre in dem wahren Sinn des Worts. „Ich habe nie vom Hofe Brod geliehen, „nie einen Schlag bekommen!" sind Reden, womit mancher Greis seine Tage lobet. So erzählte mir ein Prediger, der einen Sterbenden auf seinem Krankenlager besucht hatte, daß der gute Alte mit ruhigem Gemüthe dem Tode entgegen ging, und sich freute der Dienstbarkeit entlassen zu werden, denn das ist der gewöhnliche Ausdruk des Bauern, wenn er dem Tode zueilet. Dieser sterbende Mann sahe noch einmal auf sein Leben zurük und sagte ganz treuherzig, „als Jüngling habe ich leichtsinnig gehan„delt; aber als Mann nie etwas began„gen, was meinem Namen einen Schand„flekken machen könnte, nie habe ich am „Hofe eine Strafe bekommen!"—*— Lernet Reiche und Glükliche dieses Landes, in einem solchen Zuge die Würde eurer Bauern erkennen!

Ehrlichkeit ist eine Tugend, die sich gerne in dem Herzen des Simpeln und Einfälfältigen herberget, und die bey unserm Bauer sehr oft zu finden ist. Ich kenne freylich wohl alle die Betrügereyen, worüber der Landwirth klagt; aber wahrlich sein Betrug ist oft Dummheit, und seine Uebelthat — Unverstand. „Dem Ochsen, der da drischt, muß man nicht das Maul verbinden!‟ ist gewöhnlich seine Entschuldigung bey den Riegen-Diebereyen; und „das ist mein Schweiß und Blut,‟ der Grund, warum er mehr als einmal von seinem Herrn stiehlt. Bewahre der Himmel, daß ich dies auch nur entfernt entschuldigen sollte! Aber schaffet Kultur, die ihr verständige Menschen zu eurem Eigenthume rechnet! und ich bin gewiß, diese Plakerey hört von selbsten auf. Die Sicherheit, mit der das Getrände auf unsern Feldern stehet; die Ruhe, mit der wir auch bey unverschlossenen Thüren, auf dem Lande, für uns und unser Eigenthum, schlafen; die große Treue, die sehr oft jeder Herr bey seinen Domestiken findet; die Liebe, da bey manchem Unglük, bey mancher Unruhe, der Bauer mit Gefahr seines Lebens, seinen Herrn rettet: zeigen offenbar, daß unser Leibeigener nicht so sehr

ent-

entstellt ist, als man vielleicht bey mancher Bosheit zu denken geneigt seyn möchte; sondern gut seyn, ehrlich seyn, sind Tugenden, die auch in seiner Seele wohnen.

Die Geisteskräfte des Bauern zeigen sich nicht bloß in seinem Wiz, der sehr oft bey der rohesten Dumheit, die schärfste Pointe wahrer Satyre seyn kann; sondern auch in dem feinen Raffinement, das er gelegentlich zeigt. Es sind z. B. an manchen Orten in Liefland Krüge an Leibeigene verpachtet, und diese Pächter werden in wenig Jahren, nach ihrer Art, und nach ihrem Stande, wohlhabend oder reich. Arbeitsamkeit, Bestreben, Raffinement Geld zu gewinnen, erwekken in den Leuten eine Industrie, die unglaublich ist. Sie gehen sehr oft auf Wegen, daß es zu bewundern ist, und erwerben immer durch ihren kleinen Handel, weil sie wissen, daß sie für sich erwerben. Oft haben wir freygelassene Bauern, die mit dem Leibeigenen eine gleiche Erziehung genossen haben, und die als Amtleute sehr fein studirte Verwandelung ökonomischer Dinge im Kopfe haben, die sie meisterhaft auszuführen wissen. Wenn also nur Gelegenheit vorhanden ist,
so

so ist auch der leibeigene Lief- und Ehstländer über den Pflug erhaben.

Ueberhaupt wo gemessene Pflichten sind, da ist mehrentheils auch Wohlstand vorhanden, in sofern der Bauer Wohlstand haben kann; und wo großer Erwerb zu finden ist, da schleicht sich auch, wie z. B. bey den Bauern, die nahe bey Riga wohnen, wahrer Luxus ein. Seine Sprache ist dort schon mit deutschen und ganz verdreht französischen Wörtern gemischt; und seine Kleidung selten das Werk seiner Hände, sondern mehrentheils aus der Bude gekauft.

Wo der Bauer durch die erste Einrichtung mehr Gelegenheit zur Thätigkeit hat, wie z. B. im Lettischen, wo er zerstreut in einzelen Gesindern lebt, und daher seinen Ackerbau bequemer ausbreiten kann; da findet sich auch der kleine Wohlstand, der seinem Herrn Ehre macht. Aber in den Gegenden, wo der Bauer in Dörfern näher zusammen wohnt, folglich sein Land und seine Thätigkeit mehr sind eingeschränkt worden, dort herrscht die Dürftigkeit; und in Ehstland selbst, wo man den Haaken Landes bloß nach der Menschenzahl aufgenommen hat, und dadurch gleichsam die Arbeit eines jeden Menschen zählet, berechnet und anschlägt, da ist wahres Elend. Er lebt mit seinem Thier in einer Stube, wird auf Stroh gebohren, schläft ohne Bettuch, und stirbt auch so.

Roh ist, wenn ich nochmahls die Züge des Charakters wiederhohlen darf, unser Bauer in seinen Sitten, und sehr rauh in seiner Denkart. Entfernt von aller Kultur, fühlt er seit langer Zeit die Strenge seiner Leibeigenschaft, die er nur durch den Haß gegen die Deutschen, und durch die Faulheit gegen sich selbst, auszudrükken weiß; dennoch aber hat er Stolz, ja zuweilen wahre Ehre, zeigt öfters Ehrlichkeit in dem eigentlichstem Sinn des Wortes; kann zwar leider! nicht seine Geisteskräfte bilden, aber hat doch Wiz, Raffinement, und wenn seine Lage glüklich ist, auch Verstand.

Und dieß sind die verachteten Leibeigenen, die man mit Unrecht zu oft und zu sehr herabwürdigt, und sich selbst bey dem Ertrag seiner Güter dadurch, obgleich unmerkmerklich, dennoch gewaltig ſchadet. Mehr fehlt dem Bauer nicht als Kultur; und daher ſchließe ich aus den eben weitläuftig vorangeſchikten Prämiſſen, auf Gründe, die uns leiten können zu der

Verbeſſerung der Bauern.

Freyheit, in dem Sinn des Wortes, in dem wir ſie als Freygebohrne genießen, wäre nach der iztgen Denkart der Bauern, das ſchädlichſte Geſchenk, das man ihnen geben könnte. Und die Ritterſchaft hatte in ihrer Erklärung an Carl XI. recht, wenn ſie dagegen einwandte, die Freyheit würde in Frechheit ausarten, und durch das Erbrecht der benachbarten Länder, das Land leer und öde werden. Ganz wahr, der noch gar nicht kultivirte Bauer, würde, ſo wie er izund denkt, die Rechte des Freygebohrnen misbrauchen, und die plözliche Veränderung ſein Unglük werden. Aber ihm den wahren Sinn der Freyheit fühlbar machen, und den Bauern dahin bringen, daß ihm ſeine Leibeigenſchaft ſo angenehm werde, wie ihm z. B aus Gewohnheit das Stükchen Land geworden iſt, auf dem er gebohren wurde;

und

und ihn mit freyem Willen eigen machen — das wäre eine Wohlthat, den Augen Gottes schäzbar; eine Wohlthat, die uns selbst Ehre und Geld verschaffen würde. Glüklich würde ich mich schäzzen, wenn ich durch diese Schrift auch nur die geringste Veranlassung gegeben hätte, über den Zustand unseres Bauern nachzudenken, und seine Sklaverey ihm so beliebt zu machen, als in Osnabrük den Bauern die Leibeigenschaft geworden ist. Eine Menge Bauern, die dort Beywohner heissen, weil sie keinen Hof haben, gehet jährlich nach Holland, und verdienet sich dort im Sommer ein Handlohn. Diese Leute sind frey, und ihr größter Ehrgeiz ist, so viel zu erwerben, daß ihre Kinder einmal leibeigen werden können. Denn da das Leibeigenthum erblich Haus und Hof giebet, so ist es beliebter und angesehener, als die Freyheit solcher Flüchtlinge. Diese erhält man noch wohl umsonst, jenes, das Leibeigenthum, aber nicht ohne schwere Kosten. *) Und ich sage es laut, diesen Grad

der

---

*) s. Mösers osnabrückische Geschichte Th. 1. S. 109.

der Verbesserung können, und (wollte Gott ich redte wahr! —) werden wir vielleicht noch während unserer Lebenszeit erleben.

Ich kann diesen Gegenstand nicht besser anfangen, als wenn ich das Sentiment eines wahren Patrioten, der zugleich damals die erste Landes-Würde in Liefland bekleidete, des Herrn Landraths Baron von Schoultz wörtlich anführe, und die Veranlassung dazu erzähle.

Wie im Jahr 1765 auf die oben angeführte dritte Proposition des Herrn General-Gouverneurs Grafen von Browne, der engere Ausschuß seine Erklärung verfertigt hatte, und sie im Landraths-Kollegio ad consilium verlesen, und von sämmtlichen Herrn Landräthen genehmiget wurde, ließ der Herr Landrath Baron von Schoultz verschreiben:

„Er glaube sich dispensiren zu können,
„über diese Materie sein Sentiment zu ge-
„ben. Es wäre bekandt, was er in Anse-
„hung seiner eigenen Bauern bereits gethan
„hätte, und in dieser Handlung läge auch
„natürlicherweise sein Sentiment zu Tage.
„Sollte aber E. E. Ritterschaft ausdrük-
„lich

„lich verlangen, daß er anzeige, warum er
„so gehandelt, und aus was für Gründen
„er seine Einrichtung dem Allgemeinen noth-
„wendig und heilsam finde, so wäre er dazu
„so willig als schuldig.„

Dieser Rezeß des Herrn Landraths Baron von Schoultz wurde nebst dem, durch das einmüthige consilium der übrigen Herren Landräthe, approbirten Entwurf des engern Ausschusses, der Ritterschaft in den Kreisen vorgetragen. Eine Edle Ritterschaft ließ daher durch einen Deputirten aus jedem Kreise in ihrem Namen antragen:

„Wie sie ihr Urtheil über das vorge-
„tragene Sentiment des engern Ausschus-
„ses, auf den dritten Propositionspunkt
„suspendiren müßte, bis sie die von dem
„Herrn Landrath Baron von Schoultz,
„laut seinem Rezeß, versprochene Gründe,
„warum er seine, mit seinen Bauern ge-
„machte Einrichtungen, dem Allgemeinen
„nothwendig, und heilsam finde, beprü-
„fen könnte. Der Herr Landrath wurde
„also ersucht, solche Gründe, dem engern
„Ausschuß anzuzeigen, welcher es dann
„mit

„mit seinem darüber zu verfassenden Sen-
„timent den Kreisen vorzutragen hätte.„

Diesem Schluß Einer Edlen Ritterschaft
zufolge, übergab der Herr Landrath Baron
von Schoultz folgende Erklärung:

„Wenn ich in der zum Rezes gegebenen
„Erklärung gesagt habe, daß ich die für
„meine Bauern gemachte Einrichtung, auch
„fürs Allgemeine heilsam und nothwen-
„dig fände; so habe ich von dieser Einrich-
„tung nichts weiter verstanden, als nur
„die Grundsäzze derselben, daß nehmlich
„der Bauer ein festes Eigenthum und ge-
„messene Pflichten haben müsse. Der
„detail meiner Einrichtung ist weder auf
„das Allgemeine applicable, noch würde ich
„auch rathen, daß Einjeder sich so weit
„einschränken sollte, als ich mich selbst
„einzuschränken für gut gefunden.

„Diese Erläuterung habe ich zum vor-
„aus zu sezzen für nöthig erachtet, um al-
„len Mißdeutungen vorzubeugen, die ich
„sonst um so mehr befürchten müßte, als
„man sich schon geschäftig bezeiget, mei-
„nen gewiß reinen und untadelhaften Ab-
„sich-

„ſichten für das Vaterland, den gehäßig-
„ſten Anſtrich zu geben. *)

„Ich habe alſo auf Verlangen Einer
„Edlen Ritterſchaft zu beweiſen, daß es
„nothwendig ſey, daß wir insgeſamt den
„Zuſtand des Bauern verbeſſern, ihm ein
„feſtes Eigenthum, und kurz ein Recht
„geben, wodurch ſeine Wohlfahrt in Si-
„cherheit geſezt wird.

„Die unbedingliche Leibeigenſchaft, hat
„unſtreitig ihren Urſprung in denenjenigen
„barbariſchen Zeiten, da die Humanität
„bis auf den Namen unbekandt war; da
„kein anderes Recht galt, als die überwie-
„gende Gewalt; da Rauben und Plündern
„rechtmäßige acquiſitions waren; da der
„Eigenthümer ſolcher geraubten Sachen,
„wenn

---

*) Dieſe Bemerkung des Herrn Landraths in
einem öffentlichen Rezeß, unter den Augen
der Ritterſchaft ſelbſt, zeichnet nicht nur die
herrſchende Denkart; ſondern ſagt auch mehr
als zu deutlich, daß nicht allein diejenigen,
die, wie man glaubte, widerrechtlich Güter
beſäßen, hart dachten; ſondern auch Einige
unter der Ritterſchaft die Strenge der Sklaverey annehmlich fanden.

„wenn er unglüklich genug war, selbst mit
„gefangen zu werden, dadurch das Recht
„der Menschheit verlohr, und zu einem
„Sklaven d. i. zu einer Sache gemacht
„wurde.

„So wie aber das Licht der Vernunft
„sich nach und nach ausbreitete, und die
„Barbarey verdrängte, so fingen auch die
„Menschen gleich an, das Recht der Mensch-
„heit zu reklamiren.

„Man fand es der menschlichen Natur
„entgegen, daß ein Mensch, gleich einem
„Vieh oder einer todten Sache, eines an-
„dern Menschen unbedingliches Eigenthum
„seyn sollte. Man fand, daß zur Aufnah-
„me eines Staates unumgänglich nothwen-
„dig sey, alle Glieder desselben, in ein ge-
„wisses Verhältniß gegen einander zu
„sezzen, und einem Jeden die faculté zu
„geben, daß er durch Beförderung seiner
„eigenen Wohlfarth, auch zugleich die all-
„gemeine Wohlfarth befördern könne. Und
„so ist dann die Sklaverey in allen civilisir-
„ten Staaten theils aufgehoben, theils
„sehr mitigiret worden. Der augenschein-
„liche Flohr dieser civilisirten Staaten aber,

„ist

„ist schon ein redender Beweiß von der Rich„tigkeit meines ersten Sazzes.

„In Liefland existirt noch, die in den „alten rauhen Zeiten eingeführte unbeding„liche Leibeigenschaft, welche nicht allein „uns die nachtheiligsten Vorwürfe von an„dern civilisirten Nationen zuziehet; son„dern auch im Grunde die Beförderung un„serer wahren Wohlfarth würklich hindert. „Sässen wir nur auf Heute oder Morgen „in unsern Erbgütern; käme es uns nur „auf einen zeitlichen Gewinn an: so könn„ten wir wie die Wilden in Amerika, die „Fruchtbäume ungepflegt lassen, und ganze „Aeste abhauen, um eine einzige Frucht zu „genießen. Da wir aber unsere Güter ver„bessern, und auf einen dauerhaften Fuß „nuzzen wollen; da wir überzeugt sind, „daß der wahre Vortheil des Herrn in dem „Wohlstande seines Bauern bestehe; war„um sollten wir uns dennoch bedenken, die„sen Wohlstand des Bauern zu bevestigen?

„So lange die Bauern kein gewisses „Eigenthum und keine gemessene Pflich„ten d. i. kein Recht haben, so ist es ganz „unmöglich, daß deren Wohlstand allge„mein

„mein und dauerhaft gemacht werden könne.
„Es ereignen sich Hindernisse, sowohl von
„Seiten des Herrn, als auch des Bauern
„selbst. Der beste Herr, wenn ihm keine
„Schranken gesezt sind, kann einigemal
„durch einen anscheinenden Vortheil verlei-
„tet werden, den Bauern anzugreifen, oh-
„ne daß er es einmal zu thun glaubet. Er
„kann sich manche Bedürfnisse als unent-
„behrlich vorstellen, die, wenn sie nicht so
„leicht, und auf einen bloßen Wink zu ha-
„ben wären, gar wohl entbehret werden
„könnten. Der Bauer ist hingegen in sei-
„ner Denkungsart, ganz nach seiner wah-
„ren Situation gebildet. Er weiß, daß
„alles, was er hat, seinem Herrn gehöret,
„der es ihm nur aus Gnaden läßt, und auch
„bald wiederum nehmen kann. Er denket also
„auf nichts weniger, als etwas zu erwer-
„ben; sondern lebet auf ein Gerathewohl
„von einem Tage zum andern.

„Wenn aber dem Bauern sein Eigen-
„thum gesichert, und seine Pflichten abge-
„messen sind, so wird auch dadurch seine
„Denkungsart umgekehrt, und er handelt
„alsdenn aus ganz andern Principes. Er

„suchet sich in Stand zu sezzen, die Hülfe
„des Herrn, die ihn nur in verdrießliche
„Verbindlichkeiten sezzet, entbehren zu kön-
„nen; er suchet sich ein Vermögen zu er-
„werben, weil er gewiß ist, solches zu be-
„halten; er prästirt seine abgemessene Prae-
„standa richtig, weil er weiß, daß ihm
„überdem nichts aufgebürdet werden kann;
„kurz, er sezt sich in Wohlstand, und beför-
„dert dadurch zugleich den Wohlstand sei-
„nes Herrn.

„Einen billigen Herrn, der seinem
„Bauern nichts genommen, auch ihn mit
„keinen unermeßlichen Dienstpflichten be-
„schweret hat, dem würde es gar nichts
„kosten, dasjenige in ein Recht zu verwan-
„deln, was er bisher gutwillig ausgeübet
„hat. Der einzige Einwand, der hiebey
„noch übrig bliebe, wäre dieser, daß der
„Bauer durch ein Recht veranlasset werden
„könnte, seinen Herrn mit ungegründeten
„Klagen zu chicaniren. Allein diesem würde
„dadurch genugsam vorgebauet seyn, wenn
„man auf solche ungegründet befundene
„Klagen harte und exemplarische Strafen
„sezte. Bey einer zerfezten Haut, pflegt
„die Lust zu chicaniren wohl aufzuhören.

„Zu-

"Zugeschweige, daß auch der Bauer, wenn
"er erst in dem Geschmak käme etwas zu er-
"werben, seine Zeit mit unnützen Klagen
"nicht verschleudern wird. Gewiß ist der
"Bauer, wie jeder andere Mensch, aller gu-
"ten Sentiments fähig, und Exempel er-
"bauen ihn am meisten.

"Nachdem ich nun genugsam erwiesen
"zu haben glaube, daß nicht allein die Men-
"schenliebe, sondern unser eigener wahrer
"Vortheil, uns persuadire dem Bauern ein
"Recht zu geben; so schreite ich nun mit
"Widerwillen zu dem Beweise, daß auch
"die dringendste Nothwendigkeit uns zwin-
"ge diesen Schritt zu thun.

"Gleich nach Ihro Kayserl. Maje-
"stät Trohn-Besteigung, wurden Aller-
"höchst Derselben, die schwärzesten Ver-
"läumdungen von der Tyranney des lief-
"ländischen Adels vorgetragen. Ich bin
"ein Zeuge von denenjenigen nachtheiligen
"Raisonnements gewesen, zu welchen diese
"Verläumdungen Anlaß gaben, und ich
"furchte stündlich, daß unsere uneinge-
"schränkte Gewalt über unsere Bauern,
"durch eine Ukase würde aufgehoben wer-

Liefl. Gesch. J "den.

„den. Vielleicht wäre dieses auch schon
„geschehen, wenn nicht der Herr General-
„Gouverneur, durch die Vorstellung, daß
„die Ritterschaft sich selbst einschränken
„würde, den gewaltsamen Schritt abzu-
„lenken gesucht hätte. Hiezu kommt noch,
„daß neuerlichst ein Brief von einem soge-
„nannten Patrioten in die Beyträge zur
„rußischen Geschichte eingerücket worden,
„in welchem der Autor, nicht nur die un-
„bedingliche Leibeigenschaft auf das gehäs-
„sigste abmahlet, sondern auch die damit
„vorgehenden Mißbräuche auf das abscheu-
„lichste exageriret. Es ist leicht zu erach-
„ten, daß ein solches hors d'oeuvre als
„dieser Brief ist, ohne spezielle Veran-
„lassung in die Beyträge zur rußischen Ge-
„schichte, nicht würde haben eingerükt wer-
„den dürfen. Vielleicht hat also gedachter
„Brief, die lezte an uns ergehende War-
„nungsstimme vorstellen sollen.

„Ihro Majestät ernster Wille, der un-
„bedinglichen Leibeigenschaft Maaß und Ziel
„zu sezzen, lieget offenbar zu Tage. Se-
„zen wir uns nicht selbst Schranken, wäh-
„len wir nicht selbst Richter zwischen uns,
„und unsern Bauern; so ist nichts gewis-
„ser,

„ſer, als daß uns ſolche Schranken geſezt
„werden, die uns nicht accomodiren, und
„ſolche Richter angewieſen werden, die wir
„ſonſt zu rekuſiren alle Urſach hätten. Ver-
„geblich will man uns mit der Hofnung
„ſchmeicheln, daß eine ſolche Gewalt durch
„Vorſtellungen aufgehoben werden könnte.
„Wenn wir auch glauben wollten, daß al-
„les Andere durch Vorſtellungen zu redreſ-
„ſiren ſey, ſo wird man doch nimmer uns
„zu Gefallen, die einmal retablirte Rechte
„der Menſchheit aneantiren, und ſo zu ſa-
„gen aus Menſchen wiederum Vieh machen.

„Die in dem Sentiment des engern
„Ausſchuſſes vorgeſchlagene Erklärung,
„kann unmöglich Ihro Majeſtät die Kay-
„ſerin befriedigen. Wir beweiſen darin
„unſer uneingeſchränktes Recht, woran
„auch ſo nicht gezweifelt worden, und leh-
„nen übrigens das Zumuthen der Kayſe-
„rin, daß wir der zwar rechtmäßigen, aber
„auch ſchädlichen Gewalt über unſere Bau-
„ern, ſelbſt Schranken ſezzen mögen, ganz
„von uns ab. Wie kann das gefallen?
„und würde es uns nicht recht ſehr verdacht
„werden können, daß wir Eigenthum und
„gemeſſene Pflichten, die wir doch als das

J 2 „grö-

"gröste Kleinod, mit so vielem Eifer ver-
"theidigen, unsern Nebenmenschen nicht zu-
"gestehen wollen? Diese Sicherheit des
"Eigenthums, diese gemessenen Pflichten,
"sind keine besondere privilegia, sondern all-
"gemeine Rechte der Menschheit.

"Wenn wir aber auch den ganz unmög-
"lichen Fall, als möglich voraussezzen wol-
"len, daß die Kayserin mit der obigen Er-
"klärung zufrieden seyn könne; so würde
"doch eben diese Erklärung uns selbst weit
"größeren Chicanes exponiren, als wenn
"wir unsern Bauern ein gewisses Recht gä-
"ben. Denn wenn die Pflichten der Bau-
"ern unbestimmt bleiben, und gleichwohl
"die Obrigkeit berechtigt seyn soll, denjeni-
"gen zur Rechenschaft zu ziehen, welcher
"seine Bauern übermäßig belästigt oder ru-
"iniret, so kommt es nur darauf an, was
"man für eine übermäßige Belästigung oder
"für Ruin der Bauern ansehen will, und
"ich laufe die Gefahr, nicht allein unschul-
"digerweise von einem willkührlich gewähl-
"ten Richter citirt, sondern auch nur nach
"der Willkühr dieses Richters condemnirt
"zu werden.

"Die-

„Dieses sind meine Gedanken über den „dritten Propositions=Punkt, welche ich „auf Verlangen als ein redlicher Mann, „ohne alle Reserve, Einer Edlen Ritter=„schaft vor Augen zu legen mich schuldig er=„achtet habe.„

So dachte, so handelte der Landrath Carl Friedrich Baron von Schoultz, der mit Vernunft ein Patriot, und voll Menschenliebe, Erbherr eines großen Gu= thes war. Er vertheidigte in dem eben angeführten Rezeß, wie jeder siehet, die Rechte der Menschheit mit einer Wärme, die seinem Gefühle Ehre macht, und sprach mannhaft gegen ein ganzes Korps seiner Mitbrüder, die ihn dennoch nicht hören wollten. Denn ausser der Empfindlichkeit, darüber er in seinem Rezeß öffentlich klaget, wurde das (in der That sehr billige) Asche= radensche Bauerrecht des Baron Schoultz gesamlet, und weil man dadurch Unfug unter den Bauern befurchte, ver= wahrt. Ich urtheile nicht hierüber, son= dern schreite nach dieser langen Ausschwei= fung, zu meinem Thema zurük.

Soll der Zustand der Bauern verbes= sert werden, so ist vor allen Dingen nöthig:

1) Auf=

1) **Aufklärung.** Ich meine nicht die feine Bildung, die dem reichen Deutschen, viele Jahre hindurch Mühe und schweres Geld kostet. Diese wäre dem Bauer unnüz und auch schädlich. Unnüz, weil er den kleinsten Theil der Wissenschaften, und vielleicht keine einzige Wissenschaft wissenschaftlich, brauchen könnte; und schädlich, weil er durch das feine Gefühl den Pflug verachten möchte. Aber er muß doch seine Bestimmung kennen, und sich als einen Gegenstand in dem Staate fühlen lernen; er sollte doch, wenn er recht und billig handeln muß, so viel Anlaß finden, daß seine Seelenkräfte sich gelegentlich nach und nach abschleifen. Allein seine gegenwärtige Lage entfernt vielleicht alles, wodurch die rohen Anlagen in ihm sich bessern könnten. Der Pflug und die Arbeit, sind seine Wissenschaften, und auch sein Drang. Der Unterricht seines Predigers kann ihm nur einen schwachen Schimmer von Bildung geben, aber gewährt ihm sehr oft kräftigen Trost, der leider verduften muß, wenn er Thränen über sein Stükchen Brod fallen läßt. Denn das Leben scheint ihm immer gegen seine Empfindung zu seyn, weil er
die

die Rechte noch nicht gehörig kennt, die ihm zur Seite stehen. Aus dieser Ursache klagt er wohl öfters unnüz über seinen Herrn, denn er weiß nicht recht, was er gesezmäßig zu fodern hat, und wie er es fodern soll.

Den ersten und den besten Schritt zu dieser Aufklärung hat nach Jahrhunderten unsere Monarchin gethan. Sie befahl, daß auch Bauern in den Niederlandgerichten und den Ober- und Niederrechtspflegen als Beysizzer sizzen sollten. Hiedurch hat die weise Catharina Tausenden in Lief- und Ehstland, die Rechte wiedergegeben, welche die Menschheit ihnen so gerne gönnt. Rechte, die der Bauer in diesem Lande gehabt hat, wie wir in der Geschichte sahen; aber die schon seit dem Jahre 1314 nicht mehr galten.

Diese Einrichtung, die ich nie genugsam preisen kann, würkt ohne Zeitverlust auf den Verstand des Ungebildeten. Der Bauer, der nie ein Recht zu haben vermeinte, sizt mit seinem Herrn in einem Gerichte, hört die Klagen seiner Brüder, und stimmt zu ihrer Entscheidung. Welche Folge kann in kurzer Zeit wohl gewisser seyn, als daß er sich andern Menschen gleich achten lernt, und daß er in kurzem sieht, daß Gesezze mehr gelten als die Eigenmacht des Herrn; und die öftern streitigen Sachen, die in dem Foro debattirt werden, in welchem die Bauern sizzen, sind eben so viele Anlässe zum Nachdenken, und geben unmerklich feste Grundsäzze zwischen Recht und Unrecht. In diesen Gerichten kann der Präses in dem eigentlichstem Verstande ein Lehrer der Menschheit werden. Denn die genauere Entwikkelung der Streitfragen gibt Gelegenheit zum Nachdenken, wodurch die Principes geläufiger werden; und durch die weise Ausmittelung der Kayserin, daß diese Bauern nach 3 Jahren abgelößt, und andere an ihre Stelle gewählt werden, wird diese gewesene Bauer=Gerichts=Person; eine Leuchte unter ihren Brüdern. Ein solcher Bauer kann, wenn er sich etwas gebildet hat, ein Muster seines Gebiethes, oder Dorfes werden. Wenn gleich auch nicht alle auf ihn sehen, so faßt doch einer oder der andere den Funken auf, der ihm entgegen glimt. Alle aber können, wenn diese Wahlen öfterer geschehen sind, den

Stolz

Stolz bekommen, zumahl da die Monarchin gnädigst einen ansehnlichen Gehalt für den Bauer bestimmt hat, dereinst zu diesem Posten gerufen zu werden. Sollte dieses geschehen, so verbreiten sich hiedurch mehr als ich sagen kann — Ordnung, Ehrbarkeit, gute Wirthschaft und Gehorsam unter den Bauern — denn jeder Flekken, schließt ihn natürlich aus von dieser Wahl.

Aber wenn die Absicht der Kayserin die wohlthätigste ist, die man sich wünschen kann; so ist es auch von Seiten der Erbherren eine heilige Pflicht, diese weise Absicht unserer Monarchin aus allen Kräften zu befördern. Das beste Mittel, das ich hiezu vorschlagen kann, ist: daß man alle Gesezze, Befehle und Anordnungen, die den Bauern auch nur entfernt angehen, samle, und sie in der lettischen und ehstländischen Sprache übersezt den Bauern in die Hände gebe.

Es ist wahr, pflichtmäßig publiciren die Prediger jährlich, den größten Theil der Gesezze, die zum Bauerrechte gehören, in der Sprache der Bauern, von der

Kanzel; allein durch die Menge der Patente, deren Inhalt oft weitläuftig ist, und die auf einmal abgelesen werden müssen, vergißt der Bauer, was er gehört hat; durch den Mangel an Aufmerksamkeit hört er das nicht einmal recht, was sein Pastor ihm gesagt hat; oder es wird ihm ganz unverständlich, weil Prediger und Zuhörer schon ermüdet sind. Wie heilsam wäre es daher, wenn man dem Bauer neben der wohlgewählten Ablesung der Befehle von der Kanzel, noch ein gedruktes Gesezbuch gäbe, das ihm allein nur angehen würde. Dieses Gesezbuch müste aber kurz und mit der Deutlichkeit abgefaßt seyn, daß der dumste Bauer es verstünde, und der klügste Herr auch keine Zweideutigkeit herausklauben könnte. Dann wäre der Bauerrichter nicht so sehr dem Urtheil seines Praesidis allein unterworfen, sondern lernte allmählig selbst entscheiden; und der Bauer im Dorfe wüßte, was sein Recht, was seine Strafe wäre, wenn er klagt.

Darf ich zu dieser Idee ein Mittel vorschlagen, das ich hiezu am dienlichsten finde, so ist es: daß man ausser dem Gesezbuche, diese Gesezze als einen Anhang in in dem Kalender abdrukken ließe. Ich kenne die Armuth der Bauern, und weiß, wie wenig sie einige Ferdinge oder Kopeken anwenden würden, ein besonderes gedruktes Gesezbuch zu kaufen; aber fast unter jedem Guthe findet sich doch ein Kalender, den ein Bauerwirth sich jährlich kauft, und dieser Kalender würde denn das Orakel in seiner Gegend seyn. Izt verkauft man in Reval in dem ehstnischen Almanach, Stükke aus der Bibel, die einen Bogen einnehmen, wie z. E. in dem vom Jahre 1785 stehet die Geschichte des Ausganges der Kinder Israel aus Egypten, die jeder Prediger dem Bauer mit mehrerer Erbauung erklären kann. Mich wundert es würklich, daß der Verleger des Kalenders, nicht einmal so viele Handlungskniffe verstanden hat, durch das Bauerrecht seinem Büchelchen mehr Abgang zu verschaffen.

Ueberhaupt sind Almanache ein Gegenstand, der mehr, als wie man glaubt, zur Aufklärung des gemeinen Mannes beytragen kann, wenn sie vernünftig und zwekmäßig eingerichtet sind. Wie wohlthätig wäre es daher, wenn die Herren und Dames von Stande, die zum Besten des Kollegii der

allge-

allgemeinen Fürsorge in Reval auftreten und Komödien spielen, lieber zur Bildung der Menschheit ihren Verstand anzuwenden beliebten, da doch nach dem Zeugniß der Kenner das Theater zweideutig bleibt.

Wenn aber diese Kenntniß der Gesezze nicht ganz vergebens seyn soll, so erfodert der Wohlstand des Bauern

2) die gröste Sicherheit in seinem Eigenthum; die Gewißheit, daß er seine Wohnung behalte; und ein bestimmtes Maaß in seiner Arbeit. Hiernach stimmt sich der Fleiß des dummen Bauern ganz allein, der von allem andern Raffinement weit entfernt ist.

Es ist wahr, die Patente von dem 12. April 1765 bestimmen dem Bauer ein gewisses Eigenthum, und festgesezte Arbeit, die ohne Vergütung nicht erhöht werden soll. Aber eben die Vergütung, die doch in allem Betracht relativisch bleibt, und jederzeit dem einen hinreichend, und dem andern unzulänglich scheint, möchte vielleicht den einfältigen Bauer verwirren. Wäre etwas positives bestimmt, so hätte natürlich

lich aller Streit ein Ende; aber nun ist Rechnen dem Bauer unbekandt, und Produkte in dem Sinn des Herrn zu verwandeln, das hat er nie verstanden. Daher sieht er selten die Wohlthat ein, die ihm durch die Vergütung gegeben ist, und erkennt fast niemahls die Gerechtigkeit, die ihm bey dem Tausche gegen seine Arbeit wiederfähret. Er vermischt vielmehr bey seiner Dummheit die Begriffe, und denkt bey dem Ersazze selbst, den der Herr gewöhnlich mit der Bauern Einwilligung zu geben pflegt, doch nur an Eigenmacht. Wäre es in dieser Hinsicht nicht wohl billig, daß Erbherren eine geneigte Rüksicht auf die Vorurtheile und Simplicität der Bauern nähmen? — Doch Beyspiele mögen meine Gedanken besser auseinander sezzen.

Unsere Erbbesizzer, sind rechtmäßige Herren von dem ganzen Boden, der sich in ihren Gütern befindet; und hierauf gründet sich ganz unstreitig das Recht, Hoflagen anzulegen, wo und wenn sie wollen; welches die Ritterschaft aber durch die in dem Wakkenbuche, das die Erbherren eingeben mußten, festgesezten Arbeiten, gewißwissermaßen selbst einzuschränken für gut befunden hat. Dennoch werden zuweilen Dörfer und Gesinder gesprengt, wie man in Liefland spricht, das heißt, ein ganzes Dorf, oder auch einzele Bauerwohnungen, werden abgerissen, auf einer andern Stelle wird den Einwohnern ihre Häuser zu bauen erlaubt, und das gute, seit vielen Jahren urbar gemachte Land des Erbbauern, nach dem Hofe gezogen, zu einer Hoflage oder auch zu einem kleinen Gütchen gemacht. Freylich erhalten die ausgesezten Einwohner anderes Land wieder, das sie urbar machen müssen, und dahero werden ganz billig den Wirthen Freyjahre von ihrer Arbeit zugestanden.

Dem ersten Anscheine nach, ist in dieser Sache die Unpartheiligkeit sichtbar, und wenigstens scheint es nicht, daß hiedurch die Armuth unter den Leibeigenen entstehen könnte; aber dennoch seufzt der Bauer und weint jedesmal, wenn ihm sein Land genommen wird. Allein wahrlich auch ich würde weinen, wenn man meine Hütte also versezte. Denn die Gewohnheit fesselt jeden Menschen an den Ort, wo er lebt, und

Ge-

Gewohnheit ist der ganze Kreis, in dem der simple, ungebildete Bauer denkt und lebt.

Zuverläßig liebt kein Patriot so sehr sein Vaterland, als der Bauer das Stükchen Erdreich, auf dem er gebohren ist, das sein Vater urbar machte, und ihm täglich sein Stükchen Brod zu essen giebt. Er kennt die Natur des Bodens, und hat in dem eigentlichsten Verstande seine Wirthschaft nach dem Flekchen studirt, wo er aufgewachsen ist. Sollte es denn nicht billig seyn, aus Menschengefühl, auf dieses unschuldige Vorurtheil eine Rüksicht zu nehmen? Ueberdem verläßt der Bauer einen wohlkultivirten Boden, eine schöne Gartenstelle, die ihm jährlich in seinem Getrayde reichen Lohn gewährte, und bekömmt gewöhnlich rohes Land wieder — Herren, die ihr dermaßen mit dem sogenannten Eigenthum eurer Bauern tauschet, denket doch, wie sehr das Herz des Leibeigenen trauren muß, wenn er von dem Felde, das ihr ihm nahmt, das 8te Korn für euch erärndtet, und doch nur selbst von dem Lande, das er aus herrschaftlicher Milde von euch empfing, das 4te oder 5te schneiden kann! Ist dann wohl noch ein gleiches Land, ein

glei-

gleiches Feld, ein wahrer Tausch? sind drey Freyjahre dann wohl noch gerechter Ersaz? oder einige Lof Geträyde, die von der Gerechtigkeit jährlich erlassen werden, der Mühe werth zu rechnen? — sicher nicht. Der Bauer ist bey solchen Umständen der Leidende, zumahl wenn man nicht revisorisch die Natur des Bodens mit gradiret hat. Denn fällt bey dem Tausche dem Bauer viel Buschland zu, so rödet er seine Hölzung aus, und hat Geträyde, so lange die Wurzeln Dünger geben, deren Kraft bey dem Mangel an Viehzucht, nach wenig Jahren aufhört, und zulezt den Bauer unwissend in Armuth sezt — in Armuth sage ich, alsdenn auch bey dem besten Fleiße.

Hiedurch glaube ich hinreichend erwiesen zu haben, daß jede neu angelegte Hoflage, eben nicht den Wohlstand des Bauern befördern kann, und ich habe noch nicht an die unmerklich vermehrte Arbeit gedacht, die dadurch ganz natürlich entstehen muß; ich habe nicht der Schwierigkeit erwähnt, daß der Bauer dadurch einen weitern Weg machen muß, ehe er zur Arbeit kommt, und noch weniger den Brandtweinsbrand

ge-

genannt, oder die Mühe hergerechnet, daß der Bauer sich neue Bruståkker machen muß u. d. g. m.; allein wünschen würde ich immer, daß die Wohnung des privaten Bauern so sicher bliebe, als sie izt z. B. in den Kronsgütern ist, und daß neue Hoflagen zu machen, ein Gegenstand wäre, dazu höhern Orts die Einwilligung erfodert würde. Denn es ist würklich ganz unglaublich, mit welchem Kummer der Leibeigene sein Gesinde verläßt, und wie oft der Bauer dadurch gegen allen Fleiß ermüdet.

Freylich können Umstände vorhanden seyn, da eine Hoflage dem Herrn, ohne Beschwerde seiner Bauern, nüzlich werden könnte. Aber dann glaube ich, müste der Herr ein besonderes Guth mit seinen Gränzen und Bauern daraus machen; und so wäre es schon vielleicht ein Gegenstand der Obrigkeit. Sollte die Hoflage mit gemeinschaftlicher Hand von seinen Bauern bearbeitet werden, so müste der Herr seine gewöhnlichen Bruståkker auf seinem Hof kleiner machen, und dann nüze ihm die Hoflage nichts. Denn ich kann unmöglich mir vorstellen, daß man so ungerecht handeln werde, eine Hoflage anzulegen, das heißt

Liefl. Gesch.   K   ein

Also reiner Gewinn auf 6 Lof wieder 6 Lof, das ist netto 100 pro Cento.

Ich bitte um Verzeihung, daß ich dieses so weitläuftig aus einander gesezt habe. Aber ich halte es für Pflicht, denen, die Güter besizzen, öffentlich zu zeigen, daß die pralende Wohlthätigkeit, womit sie oft die Arbeit ihrer Leibeigenen vergüten, keine Wohlthätigkeit mehr sey, sondern der größte Wucher, den man sich denken kann, der nicht allein den Bauer um seine edle Zeit bringt, sondern ihm auch ohne Gewalt, ganz unmerklich sein Getrayde nimmt. Denn hätte der Bauer diesen einen Tag, auch zu dem schlechtesten Küttiß, oder der nachläßigsten Röhdung verwandt, so hätten diese 2 Lof Aussaat ihm doch wenigstens 20 Lof einbringen können, und sein Gewinn wäre dann ganz rein 12 Lof sage zwölf Lof gewesen, und der Herr hätte doch nichts an seiner Korn=Gerechtigkeit verlohren. Haber und Gersten habe ich mit Fleiß noch gar nicht einmal in Anschlag bringen wollen. Vielleicht bringt diese unmerkliche Auflage mehr Armuth unter die Bauern, als alle Gerechtigkeit, Vorschuß und Bath zu thun vermögen. Denn diese Erhöhung der Ar=

K 3 beit

heit gleicht dem ſchleichenden Fieber, dabey der Kranke zwar immer Kräfte behält, aber ſich doch mit ſtarken Schritten ſeinem Tode nähert.

Ueberhaupt kann dem Erbherrn die Zeit ſeiner Bauern nie koſtbar genug ſeyn. Er iſt Pflegvater und Verſorger ſeiner Leibeigenen, daher gebührt es ihm, nicht aus ſeiner Kleete und Magazinen ſie zu ernähren, das muß er pflichtmäßig bey theuren Zeiten ohnedem und ohne Vortheil thun; ſondern ſeine Unmündigen dahin zu bringen, daß ſie ihre Nahrung aus eigener Hand ſich verdienen. Und wahrlich das kann, und das wird auch der Bauer in Ehſt- und Lieſland, wenn man ſeine Zeit zu ſchäzzen weiß. Wie ſehr wünſchte ich doch, daß ein Jeder, der Bauern als Leibeigenen zu befehlen hat, ſich die Worte eines großen Miniſters tief in das Herz einprägte. Herr Thurgott ſagt in dem Edikt zur Abſchaffung der Corvées vom Jahr 1776 „Dem „Landmann ſeine Zeit nehmen, auch „wann ſie ihm bezahlt wird, iſt alle„mal eben ſoviel als eine Auflage; ſie „ihm ohne Bezahlung nehmen, iſt eine „doppelte Auflage; und dieſe Auflage „über-

„überschreitet endlich alle Proportion, „weil sie den gemeinen Arbeiter trift, „der, um zu leben, nichts hat, als — „die Arbeit seiner Hände." Wäre das lezte nicht ungefehr der Fall, von dem ich eben gesprochen habe. Aus dieser Ursache, möchte ich beynahe glauben, sind die großen Aussaaten, besonders bey den kleinen Gütern, entstanden, die den Bauern in der bittersten Armuth seufzen lassen, und dem Herrn dennoch nur mittelmäßige Aerndten geben. So kenne ich ein Guth, das von seinen Bauern gar keine Gerechtigkeit nimmt, aber dagegen jedem Wirth, der sonst dem Hofe 3 Tage Arbeit leistete, izt, da die Gesinder reicher an Menschen wurden, 6 volle Tage zur Arbeit auferlegte. Der Herr glaubte noch sehr gerecht zu handeln, weil der Wirth und die Wirthin allezeit zu Hause bleiben könnten, und nur ihre Knechte zu Hofes Arbeit schikken durften. Aber mein Gott! diese 2 Menschen sollen also für 5 andere hinreichenden Unterhalt verschaffen, ohne daß sie hinreichend Hände haben, ohne daß Krankheit beyder Menschen, oder die Schwangerschaft und das Wochenbett des Weibes, oder daß die na-

tür-

türliche Unluſt, die doch zuweilen in der Hitze des Tages jedem Menſchen anwandelt, abgerechnet werden. Und doch kann ſich er ein Kerl bey dem ſtrengſten Fleiße, nicht mehr als 3 Lof bearbeiten und einärndten, die dem Bauer nach Abzug ſeiner Saat, höchſtens 13 Lof reinen Ertrag wieder geben. Kann er hievon wohl ſeine Kornſchuld dem Hofe bezahlen, die Station und Prieſtergerechtigkeit entrichten; ſelbſt leben, ſein Weib, ſeine Kinder und ſein Vieh erhalten? Nein, ich wundere mich gar, wenn bey ſo bewandten Umſtänden, Erbherren laut die bittere Klage führen, daß ſie 7 bis 8 Monathe ihre Bauren mit Korn unterhalten müſſen. Schonet Freunde! die edle Zeit eures Leibeigenen, und er wird ſicher nur ſelten zu eurer Klete die Zuflucht nehmen!

Geſeegnet würde die Einrichtung ſeyn, wenn das Patent von dem 12. April 1765 wörtlich genommen, und kein Erlaß von der Gerechtigkeit ſtatt der Arbeit unter keinem Beding erlaubet würde; wenn auch ſelbſt der gute Wille des Bauern hierin keine Aenderung machen dürfte. Denn der Bauer iſt groſſentheils dumm, ſiehet bloß die gegengenwärtige Zeit, und denkt niemahls an die Zukunft. Er würde, möchte ich beynahe sagen, wie der Neger, des Morgens seine Hangematte verkaufen, und des Abends die Thorheit wieder beweinen. Er gibt gerne für eine Schwürigkeit z. B. eine weite Reise nach der Stadt u. d. g. einen Tag Arbeit hin, und beweint vielleicht die Woche darauf seine Dumheit. Allein dergleichen Herren sollten billiger seyn, und so wenig die Thorheit des Bauern nuzzen, als sie Vortheile aus der Narrheit eines Kindes ziehen. Glüklich würde zuverläßig der Leibeigene werden, wenn entweder das **schwedische Wakkenbuch**, weil darnach alle unsere Wakkenbücher eingerichtet sind, und dasselbe bey publiken Gütern zur Richtschnur unabweichlich beybehalten wird; oder das neuerlichst von den Erbbesizzern der Gütern selbst eingegebene **Wakkenbuch**; oder wohl gar ein neues **Wakkenbuch**, welches zwischen dem schwedischen und dem neu eingegebenen die Mittelstraße hielte, festgesezzet, und wörtlich und heilig als die Worte des Gesezzes, beobachtet würde. Dann wäre eine unabweichliche Richtschnur, ein vollkommenes Recht zwischen dem Herrn und seinem Diener.

Ganz sicher werden menschenfreundliche Erbherren mit mir den gleichen Wunsch fühlen, daß wenn ein solches Wakkenbuch, als ich eben genannt habe, einmal festgesezet und wörtlich bestimmt wäre, es eben dieserwegen weil es Gesez seyn soll, nicht mehr zu den pergamentenen Briefschaften und Privat-Dokumenten eines jeden Guthes gehören, sondern öffentlich dem Bauern bekandt gemacht werden müßte. Denn es ist doch würklich ganz eigen, daß eben diejenigen, deren Richtschnur in der Arbeit und Gerechtigkeit, das Wakkenbuch seit dem Jahr 1688 seyn soll, nemlich die Bauern am allerwenigsten davon wissen, und doch darnach gerichtet werden sollen. Sollte nicht eben hierin, ein Grund liegen, der vielleicht die erste entfernte Veranlaßung zu den Empörungen und Unruhen der Bauern vor kurzer Zeit, gewesen ist; der vielleicht, weil der Bauer nach seiner alten Gewohnheit arbeiten wollte, und der Herr seinem Rechte gemäß arbeiten ließ, die Bauern so desperat machte, daß mancher Aufseher, mancher Amtmann, ermordet wurde. Ich kann hierin nichts mit Gewißheit bestimmen; aber wahrscheinlich ist

ist es mir, daß die Unwissenheit des Bauern, wie weit der Herr sein Recht gebrauchen darf, den Leibeigenen oft verwirrte. Denn ich bin Augenzeuge gewesen, daß der Kreis = Hauptmann in dem Jahre 1784 die Bauern, die in einem Guthe unruhig zu werden anfingen, sogleich beruhigte, da er nach dem Wakkenbuche die Hülfsarbeit, Spinnerey u. s. w. entschied. Wohl und vortreflich wäre es daher, wenn die Erbherrn in Hinsicht ihrer Unschuld, das Wakkenbuch, das in dem Guthe eingeführt ist, abdrukken ließen; es jedem Bauer in die Hände gäben; als ein stets bleibendes Inventarium dasselbe in dem Guthe behielten; und in jedem Bauergesinde ein Exemplar niederlegten. Wohlbedächtig würde ich zur Rechtfertigung der gütigen Erbherren, noch wünschen, daß den Predigern der Befehl ertheilt würde, jährlich allenfalls am zweiten Oster-Fehertage, weil dann die Feldarbeit angehet, ein summarisches Verzeichniß von der Gerechtigkeit und der Arbeit der Bauern in ihren Kirchspielen, von der Kanzel abzulesen, und der Gemeine bekandt zu machen. Ich weiß
zwar

zwar wohl, daß jedes Guth viel Eigenes hat. Wenn aber summarisch abgelesen würde, was der Eintags, Zweytags, Kerl u. s. w. an Arbeit, Gerechtigkeit, Mistfuhre u. s. w. zu leisten habe, so möchte die Mühe weder groß, noch die Ablesung weitläuftig werden; und der Bauer würde dadurch seine Prästanda von Jugend auf wissen. Vielleicht wäre es gar noch schiklicher, wenn man an dem Sonntage vor St. George den Predigern auferlegte, über die Pflichten der Bauern eine Ermahnung zu halten; und dann der Güter Wakkenbücher ablesen ließe.

In dieser Art hörte sicher manche Auflage auf, die den Bauer zwar nicht arm macht, aber doch, weil sie eine Auflage ist, kränkend wird. So sagte mir neulich ein ehrlicher guter Bauerwirth, sein Herr habe, sogleich als er das Guth kaufte, in jedem Gesinde ein Paar Gänse austheilen lassen, und dadurch die ewige Gerechtigkeit aufgelegt, daß jeder Wirth dem Hofe jährlich 2 Gänse wieder geben soll. Ich spreche nichts davon, daß hiedurch der Erwerb des Bauern beschränkt wird; sondern ich erwähne nur, daß dieß eine Abgabe

gabe von nicht mehr als 100 pro Cento macht, die darum allein dem Leibeigenen kränkend ist, weil sie die Eigenmacht seines Herrn deutlich beweiset.

Durch diese von mir vorgeschlagene Einrichtung würde der Bauer

3) **Erwerb erlangen.** Seine Bedürfnisse sind ohnedem vielfach, und einige derselben also, daß er sie nicht aus eigener Hand, sich schaffen kann. Das Eisen zu seiner Pflugschaare kostet Geld; die viertel Elle Tuch, womit er sein Kleid besezt, hat er nicht umsonst; das kleine Stükchen Silber, womit sein Weib sich ziert, und worauf er im Frühlinge Brodt leihet, muß erworben seyn; die Farbe, womit das Weib ihre Kleidungen färbet, soll er bezahlen; und das Salz oft recht theuer kaufen. Sein Glas Brandtwein, sein Maaß Bier, das man ihm als Mensch doch zuweilen zur Stärkung gönnen muß u. d. g. m. macht den Erwerb zu einem Hauptgegenstande derer, die Bauern zu befehlen haben.

Der Handel ist ihm auf dem Lande gesezmäßig verboten, und die Stadt oft zu weit entfernt. Dieß veranlaßte den Land-

- rath

rath Baron von Schoultz in seinem ungedrukten liefländischen Staatsrechte (nach meiner Handschrift S. 119,) gegen dieser Anordnung einige kräftige Gründe vorzubringen. Ich urtheile nicht darüber, weil ich jedes Gesez, als Gesez für gut halte, wenn es pünktlich erfüllt wird, aber ich wünschte, daß jeder Herr ohne Unterschied, der leibeigenen Bauern besiehlt, seinem Untergebenen doch so viel Erwerb verstattete, damit er seine kleinen Ausgaben bestreiten könnte. Und dieß wird sicher jeder billige Herr gerne thun, wenn er mit dem Auge manche Gewohnheit in seinem Guthe ansiehet, mit dem ich sie izt betrachte.

Es ist z. B. in vielen Kreisen und Gütern eine hergebrachte Gewohnheit, daß der Bauer, wenn er des Montags zur Arbeit kommt, dem Herrn, Beeren, Rizchens, Morcheln u. d. g. was die Jahreszeit gibt, unentgeltlich mitbringt. Eine Auflage, die an sich den Bauer nicht arm machen wird, oder ihn ermüden kann; denn sein kleinstes Kind aus dem Gesinde sucht diese Kleinigkeit. Aber wie wenn das kleine Kind, diese Beeren, Morcheln oder was es sonst ist, dem Herrn verkaufte, und

und sich dafür sein Bandstükchen, seine Breze *) anschafte? so wäre diese Mühe dem Kinde eine Freude; und dem Vater eine Ersparhrung. Gesezt der Vater des Kindes theilte sich auch mit seinem Sohn, und kaufte in dem nächsten Kruge seines eigenen Erbherrn, für sich ein Glas Brandtwein; wer wollte dann wohl, wenn es mäßig und selten geschicht, ihm das kleine Wohlleben misgönnen? — Will der Erbherr ja umsonst die Früchte geniessen, die wild wachsen, so mag er seine Domestiken zu diesem Geschäfte anhalten, und sie nach seinem Belieben suchen lassen. Denen gibt er Nahrung und Kleider; aber dem arbeitenden Bauer auch den kleinsten Gewinn benehmen, das heißt in dem eigentlichsten Verstande, dem Ochsen, der da drischt, das Maul verbinden.

Es ist unrecht, wenn man klagt, daß der Bauer nichts verdienen will. So balde er sicher einen wahren Erwerb vor sich siehet, so ist er auch gewiß bereit ihn anzunehmen. Ich habe selbst in meinem Guthe,

---

*) Eine Art Schnallen, womit der Bauer sein Hemde auf der Brust zusammen heftet.

the, das wenig Menschen hat, fremde Grabenschneider, Maurer, und Baumeister, die von ihrem milden Herrn aus meiner Nachbarschaft, die Erlaubniß erhalten haben, sich Geld zu verdienen. Die Ronneburgschen Weber sind durch ganz Lettland bekandt; die Tarwastschen und Flemmingshoffschen Schlitten=Fabrikanten, auch die Awwinormschen Böttger u. d. g. zeigen offenbar, daß baares Geld für den Bauer dieselben Reize hat, als für den Deutschen.

Aber wenn die Besizzer in ihren Gütern die Unkosten scheuen, und jede von ihren Erbleuten gethane Arbeit, von den gesezmäßig bestimmten Arbeitstagen abrechnen, so ist dieß freylich ökonomisch sparsam, und im Kaufmanns=Sinn richtig gerechnet; allein es tödtet allen Trieb zu anderer Arbeit, als zu welcher der Bauer gebohren ist. Daher kömmt es auch, daß wenn ein Leibeigener endlich ein Handwerk erlernt hat, er gegen Niemand scheuer ist seine Kunst zu zeigen, als gegen seinen eigenen Herrn.

Mich däucht immer, der Bauer muß
Bau-

Bauer d. h. bloßer Landmann seyn. Versteht er gleich eine Kunst oder ein Handwerk, so mag der Herr ihn, wenn er dessen benöthiget ist, richtig bezahlen. Schon die Bequemlichkeit, auf jeden Wink einen solchen Menschen zu haben, ist Geldes werth, zumal wenn man noch den Vortheil dazu rechnet, daß dieser Handwerker ganz nach meinem Eigensinn arbeiten muß. Aber ihn ohne Geld, bloß für Arbeit nehmen, ist eine Härte gegen den Handwerker, und eine Last für die andern Bauern. Eine Härte für ihn, weil er, wenn er zu Hause für sich arbeiten dürfte, mehr durch seinen Feldbau verdienet; eine Last für die andern Bauern, weil die von dem Handwerker abgerechneten Tage, ganz unmerklich von den andern gethan werden müssen. Denn hoffentlich läßt der Herr doch, wenn er z. B. einen Maurer den Sommer durch gebraucht, nicht 2 Lof aus seinem Felde unbesäet. Es wird sicher alles besäet und doch fehlte ein Arbeiter. Wer that es dann? — die andern Bauern, und zwar unwissend — — also reine Last, reine Auflage.

Liefl. Gesch.   L   Hier

Hier wäre vielleicht der Ort, wo Erlaß von Gerechtigkeit unter dem Bedinge statt finden könnte, wenn das Gesinde reichlich Menschen hat, und wenn ein sehr ordentlicher Preiß für das Getränke dem Bauern zugestanden würde.

Doch ist auch bey aller Aussicht des Erwerbes, die Schonung der Zeit des Bauern, immer ein Hauptgegenstand. Bey den Kronsgütern ist es z. B. sehr weise eingeführt, daß die Wirthstage d. h. diejenigen Tage, welche die Bauern ausser der Arbeit bloß zur Reparatur der Hofsgebäude, Zäune u. d. g. thun, das ganze Jahr hindurch, alles zusammen genommen, nicht mehr als 2 Tage seyn dürfen; aber so viel Arrende- oder Pacht-Kontrakte ich gelesen habe, so steht in allen ganz unbestimmt, die Reparatur geschieht mit Wirthstagen. — Wer wird wohl so leicht die Mühe des Bauern achten, der uns doch ernährt! und wer wollte nicht bey ganz verfallenen Gebäuden an die Arbeit denken!

Eben so ist im Revalschen gewöhnlich, daß der Brandtweinsbrenner, der Mälzer u. m. a. nicht in der Arbeit mitgerechnet, sondern als Leute angestellt sind, die ausser ihrer Arbeit diese Verrichtungen thun müssen. Daher ist dieß in den Gegenden eine Auflage, die durch den Drang, der ohnedem bey dem starken Brandtweinsbrand ist, den Bauern ganz niederdrükt. Der Herr verliehrt gar nichts von seiner Arbeit, und das ganze Gebieth thut einer nach dem andern wechselsweise, den Winter hindurch, persönlich viele Tage. Man höre die Klage der Bauern selbst, so wird man urtheilen. Fast würde ich hiezu den Vorschlag machen, selbst den Brandtweinsbrand zu einem Gegenstande des Erwerbs unter den Bauern, zu machen. Nicht daß er selbst brennen dürfte, das würde zu tausend Unheil Anlaß geben; sondern daß das ganze Gebieth so viel Menschen selbst aussuchte, als zu dem Brandtweinsbrande nöthig sind, und für ihre Redlichkeit in dem eigentlichsten Verstande die Bürgschaft leistete; der Herr aber dagegen einem jedem seinen gehörigen Lohn an Geld, oder Korn zugestände. Ich sezte hn voraus, daß auch von Seiten des Erbherrn keine Künsteley vorgenommen wird, sondern nach Gewicht, nehmlich 45 Ließpfund Getränbe, worunter jedoch am meisten Roggen seyn muß, zu 126 rigischen Stöfen Brandtwein gegeben würden, so könnte der Brandtweinsbrand Erwerb für den Bauer, und ohne Verdruß für den Herrn, seyn. Denn 5 bis 6 Thaler oder Rubel für jeden Kerl, der den Winter hindurch in der Küche stehet, würde mit einigen Löfen Geträyde, die der Herr aus Milde seinen Erbbauern über dem noch schenkte, bey einem Brande von 20 bis 30,000 Wedro, *) dazu doch wirklich nur 4 Menschen gehören, kaum merklich werden. In dem rigischen Gouvernement stehen die Brandtweinsbrenner freylich größtentheils für ihre Arbeitstage in der Küche, und verliehren alsdann nichts dabey, weil im Winter dem Landmanne die Zeit beyweitem nicht so kostbar ist, als im Sommer. Dennoch aber glaube ich, daß das von mir vorgeschlagene Mittel dem Erbherrn einträglicher und dem Bauern angenehmer sey. Einträglicher ist es für den Erbherren, weil er dadurch sich selbst vielen Verdruß erspart, und jeder fehlende Stof ihm

von

*) Ein russisches Maaß, das 10$\frac{1}{11}$ rigische, oder beynahe 11 revalsche Stöfe, hält.

von dem Gebiete als Bürgen, erſezt werden muß; — ein Verluſt, der des Jahrs
hindurch beträchtlich iſt, und willig gelitten wird. — dem Bauern würde dieſe Einrichtung auch aus der Urſache gefallen, weil
er in der theuren Frühlingszeit ſich einen
ſichern Zehrpfennig erworben hat.

Doch vielleicht ſieht mancher von meinen Leſern ſchon ernſthaft aus, und denkt,
daß ich zu ſehr in das Einzele der Oekonomie mich eingelaſſen habe. Ich gehe daher
in meinen guten Vorſchlägen weiter und
wünſche

4) Daß etwa die Niederrechtspflege, welche gemeiniglich weit wenigere
Amtsgeſchäfte hat als das Niederland-
gericht, den Auftrag erhielte, jährlich
in jedem Kirchſpiele den Zuſtand der
Bauern zu unterſuchen, und über die
Diſpoſition der Erbherren höhern Orts
zu berichten. Ich ſezze natürlich voraus,
damit in keiner Art eine Willkühr ſtatt finden kann, daß unſere Wakkenbücher von
jedem Gute regulirt, gedrukt, und in
jedem Bauergeſinde als ein Inventarium
vorhanden ſind, nach denen einzig und allein

lein die Niederrechtspflege, in jedem Guthe ganz besonders, die Untersuchung anstellen würde. Dann hoffe ich doch nicht,
daß billig denkende, gütige Erbherren sich
vor der Untersuchung ihrer Disposition
scheuen werden; den unbilligen und harten
ist ohnedem die Aufsicht des Richters nothwendig. In diesem Gerichte sizen überdem würklich eingebohrne Bayern als As-
sessoren, bey denen ein Edelmann aus dem
Lande präsidirt. Wie frey würde dort der
Bauer seinen Drang erzählen, denn er sucht
Trost bey seinem Mitbruder, und wie sehr
würde der Präses den genausten Mittelweg
bey jeder Kleinigkeit zu treffen suchen, weil
er nichts von den Rechten des Adels vergeben kann, und doch auch nicht den Bauern unrecht thun dürfte. Hiedurch würde
der Geist des Sklaven freyer aufsehen, sich
als einen würklichen Landesstand erkennen,
und gerne seine Pflicht erfüllen. Dem
Herrn selbst würde es zulezt eine Freude
seyn, wohlhabende Leute unter sich zu haben, die ohne Befehl wissen was sie thun
sollen.

Auch aus der Ursache scheint mir dieser
Vorschlag sehr nuzbar und annehmlich zu
seyn,

seyn, weil nur eigentlich der Bauer, von dem Bauern recht urtheilen kann. Sein Stand entfernt ihn zu sehr aus unsern Blikken, und sehr selten kennen wir ganz richtig seine Vorurtheile, sein Leiden, seine Freuden. Daher kann es oft geschehen, daß der beste Herr, mit den besten Absichten von der Welt, unschuldigerweise etwas hart wird. So weiß ich einen redlichen, vernünftig denkenden Mann, der alles anwandte seine Bauern in Wohlstand zu sezzen, und eben weil er dieses wollte, so verbot er, daß seine Leute in den Gesindern und Dörfern keine Schweine halten dürften. Sein Grund war richtig. Ein fett gemästetes Schwein gehört zum Luxus des Bauern; aber seine Sorglosigkeit macht, daß es sich des Herbstes in seinem Korn ernährt, und wenn es auf die Mästung gesezt wird, so verzehrt es mehr Getrände als 3 oder 4 Kühe Unterhalt erfodern; daher schloß der Erbherr: es ist besser, daß mein Bauer eine Menge Kühe erhält, und im Sommer Milch und Butter hat; und verbot daher, wie bey den Israeliten, die Schweinezucht. Seine Absicht war würklich gut, aber das Vorurtheil seiner Leibeigenen war ganz da-

L 4 gegen.

gegen. Die Bauern haßten ihn recht sehr, weil er nach ihrer Meinung nicht so billig dachte, dem Dürftigen das kleine Wohlleben zu gönnen, das einem Jeden ergözzend ist; und hüteten ihre Schweine in den benachbarten fremden Dörfern. Wäre nun ein Gericht gewesen, das so, wie ich eben vorgeschlagen habe, als die Niederrechtspflege, die Disposition untersuchen dürfte, hätte dieses wohl geschehen können? – ich glaube nicht. Der Bauer hätte mit aller Kraft der Beredsamkeit für seinen Bruder gesprochen, und ihm gerichtlich sein Wohlleben zuerkannt.

Endlich wenn vorgeschlagenermaßen etwa die Niederrechtspflege jährlich in jedem Guthe, eine Untersuchung über die Disposition des Erbherrn anstellen dürfte, so glaube ich mit fester Zuversicht versichern zu können, daß wir nie mehr eine traurige Geschichte von Ermordung der Aufseher, oder von Bauerunruhen, wie im Jahr 1784. hören werden. Die Sache, däucht mich, spricht für sich selbst. Denn zu einem solchen Gerichte würde der Bauer mit dem Zutrauen treten, mit dem er vor den Altar kömmt. nicht weil er dort mehr Recht erhält.

hält, sondern weil dort Seines Gleichen sitzen. Es liegt, wenn ich es sagen darf, gleichsam in der menschlichen Natur, daß wir am liebsten von denen das Urtheil hören, die mit uns von einem Stande sind. Freywillig würde er daher jede Uebelthat von sich entfernen, und geduldig den Tag abwarten, da die Niederrechtspflege seine jährliche Seßion im Kirchspiele anhebet, um zwischen ihm, seinem Herrn oder seinem Aufseher, zu entscheiden. Gerne würde er jeden Drang erleiden, weil die Zeit doch immer nahe ist, da er gehoben werden muß. Selbst jeder Misverstand von Seiten des Bauern, würde leichter gehoben werden. Wer bey den Untersuchungen der Bauerklagen gegenwärtig gewesen ist, der weiß es, wie oft ein Misverstand zu allem Unfug die erste Veranlassung gegeben hat. Aber ein deutlich abgefaßtes Wakkenbuch, und eine jährliche Untersuchung, würden sicher unglaublich schnell die Ordnung thätig erhalten.

Doch der Wunsch des Patrioten sieht nicht allein das Glük des Leibeigenen in Erleichterung, und genauer Bestimmung seiner Arbeit; sondern er will auch, daß seine Seele ein Gegenstand der Verbesserung seyn möge. Daher empfehle ich der gütigen Vorsorge der Erbherren

5) **Die Einrichtung der Schulen.**
Der verdienstvolle Greis, der bereits einige zwanzig Jahre, für Lieflands Wohl, die eifrigste Sorgfalt angewandt hat, der rigische Herr General-Gouverneur Graf von Browne hat schon lange väterliche Sorgfalt bey der Einrichtung der Schulen in dem rigischen Gouvernement bewiesen: Durch seine kräftige Proposition im Jahr 1765 an die rigische Ritterschaft, ist in jedem Guthe, das 5 Haaken beträgt, schon lange, eine Schule für die Bauern errichtet worden, die der Prediger etliche Male des Winters besuchen, und von iben zur Schule tüchtigen Kindern, jedem Adelhofe in seinem Kirchspiel, gegen Martini ein Verzeichniß zuschikken soll. *) Im Revalschen habe ich diese Ordnung nicht bemerken können, es sey denn, daß sie izt angefangen habe, da auch dies Gouvernement zu

---

*) Nur des Winters wird in Liefland Bauerschule gehalten.

zu der rigischen Statthalterschaft gezogen ist.

Die liebreiche Absicht der Obrigkeit ist sicher in einigen Stükken erfüllt. Wenigstens kann der größte Theil der Kinder fertig lesen, und lernet zeitig seinen Katechismus, um in dem 16ten Jahre zum heil. Abendmahl angenommen zu werden. Aber ist das schon hinreichend, Auffklärung und Menschensinn unter das Volk zu bringen? Volksschulen sind ein Institut, dessen Einfluß auf die Sitten der Nation mächtig seyn muß. Eben daher gehört dazu die Sorgfalt eines jeden einzelen Herrn, der Menschen zu gebieten hat, und nicht allein die Strenge des Befehlshabers. Die Obrigkeit thut ihre Pflicht, wenn sie das Gute gebietet; aber sie sezt mit Recht zum voraus, daß bey Anstalten, die zur allgemeinen Bildung etwas beytragen, verständige und menschenfreundliche Erbherren, auch willig von selbst zur Beförderung die Hand bieten. Denn wollte sie ganz in dem kleinsten Detail Einrichtungen befehlen, so würden ihre Gebote sich unendlich vervielfältigen. Das Einzele überläßt sie natürlich der besten Ueberlegung derjenigen, zu de-

denen sie ungesagt das Zutrauen hat; daß sie das Wohl der Menschen beherzigen.

Dieß vorausgesezt schreite ich zu der nähern Beschreibung unserer Schulen, unter den Leibeigenen in Lief= und Ehstland. Ehstland kennt, wie ich bemerkt zu haben glaube, sehr wenig diese Bildung, *) daher kann ich von diesem Herzogthum hier gar nicht reden. Einige Herren scheinen dort die Einfalt ihrer Bauern, mit der angebohrnen Dumheit zu bezeichnen. Es kann seyn, aber ganz ohne allen Unterricht, würden auch wir Deutsche nicht viel besser denken. Im rigischen Gouvernement hingegen, sahe man vor mehr als zwanzig Jahren strenge auf diesen Gegenstand der Polizey=Ordnung — und im buchstäblichen Verstande ist die Wirkung vortreflich. Das Kind liest und sagt sehr fertig das gelernte her. Jedoch lernt es dieses nicht allemal in seiner Dorfsschule, sondern sehr oft bey seinen Aeltern zu Hause. Zwar

*) Hin und wieder hat man einzele Hofs= oder Dorfs=Schulen bisher gefunden, die etwa ein Erbherr, ohne obrigkeitlichen Befehl, anlegte. Die Kinder lernen zu Hause das Lesen.

an sich betrachtet, ein Vorzug mehr, ein gewisser Beweis, daß der obrigkeitliche Befehl würksam gewesen ist; aber auch ein eben so großes Zeugniß von der Armuth des Bauern. Denn die Nahrung, die der Vater seinem Kinde mitgeben muß, oder sein Brodsak, wie er sich in seiner Sprache ausdrükt, fällt ihm lästig. Daher findet der Prediger fast niemals bey den Schul-Visitationen die aufgegebenen Kinder beysammen: sie kommen oft nur dann erst, wenn sie wissen, daß er visitiret, und gehen sogleich nach Hause, wenn er nicht mehr da ist. Aus Mitleiden kann nicht einmal strenge darauf gesehen werden. Sehr oft thut der Prediger mit dem redlichstem Fleiße was er kann; aber niemals, und wenn er auch mit den Geistesgaben eines Apostels versehen wäre, wird er bey diesen Schulen eine Bildung hervorbringen. Denn es trift alles zusammen, was die Bildung hindern kann.

Die Schulen sind den Bauern, nach ihrer Art zu sprechen, eine Züchtigung und zugleich eine Last. Gezwungen geht das Kind dahin, und man weiß, wie wenig Fähigkeiten sich gebieten lassen; noch un-

wil-

williger aber ist der Vater dazu zu bringen, sein Kind in die Schule zu geben. Die Nahrung, die er mitgeben muß, wird ihm schwer; und jede dienstbare Hand ist ihm in seinem Hause ein Schaz, den er ungerne vermißt, weil der Hof zu oft und zu viel Hände braucht. Ich rufe daher die Milde der Herren an, die Tausende jährlich zu ihren Revenüen zählen, daß sie aus christlicher Wohlthätigkeit, diesem Bedürfnisse eine geneigte Hülfe gönnen. Ich hoffe, man wird mich verstehen, ohne daß ich die Sache mehr auseinander sezze.

Dem Bauer fehlen Bücher, die zu seiner Bildung abzwekken können. Seine Schulbücher sind ausser dem A, b, c, Buch, noch ein Katechismus, und das Gesangbuch. Und auch selbst das lezte findet man bey der Armuth des Leibeigenen selten im Ehstländischen, und fast noch seltener im Lettischen, weil der Preis dieses Buches zu groß ist. Ein lettisches Gesangbuch kostet, wie ich glaube, 1 Thaler d. i. 1 Rubel 30 bis 40 Kopek, wenn es nicht noch theurer ist. Wie kann der dürftige Mann auch nur zum Brautschaz seinen Töchtern dieses Buch mitgeben? Herren, die ihr das ewige Wohl

eurer

eurer Bauern auf euren Seelen habt, denkt an diesen Preis, und berechnet das Vermögen des Leibeigenen!

Die Bibel ist zwar in beyde Sprachen übersezt, aber nur ein Gegenstand des sehr reichen und ehrwürdigen Bauern. Der Preis ist zu hoch, und daher findet sich das Buch unseres Glaubens äusserst selten in den Gesindern. Es wäre das Werk Einer Edlen Ritterschaft, in der Art wie der seelige Baron von Canstein es mit der deutschen Bibel machte, auch für den Lief- und Ehstländer, der doch leibeigen ist, einen eben so wohlfeilen Druk der Bibel in ihrer Sprache zu veranstalten, und sich hiedurch ein ewiges Verdienst zu erwerben. Ja man hat selbst nicht einmal noch in dem Jahre 1785 die ganze Bibel in dem dörptschen Dialekt übersezt. Der arme Bauer in dem werroschen und dörptschen Kreise, kennt nichts mehr, als das neue Testament, und sagt, wie ich zuweilen gehört habe, wenn Prediger Beyspiele aus der Geschichte des alten Testaments wählen: „das war ein hübsches Märchen." — Möchten doch diejenigen, denen die geheiligte Pflicht gegeben ist, Aufseher der Seelenpflepflege zu seyn, zum Besten des armen Bauern, auch diesen Theil der Bibel überseszen, oder dafür sorgen, daß er übersezt werde.

Einige würdige Männer haben zwar ihren Fleiß den Bauern gewidmet, und in der lettischen und ehstnischen Sprache Fabeln drukken lassen. Jeder Patriot wird ihnen dafür herzlich danken. Aber ihr Wille ist leider zweklos. Fabeln können dienlich seyn, wenn ein Volk gebildet ist, und bey Wiz schon denken kann; aber dazu gehört Kultur. Dieß beweißt die Geschichte aller Völker. Aesop schrieb unter einem Volke, das schon Gelehrte hatte, und andere Fabeln wurden dort entworfen, wo gar Wissenschaften blühten; allein unser Bauer kann sich noch nicht so weit erheben. Er vergißt daß die Fabel zur Moral ihn leiten soll, und wünscht sich immer die Zeit zurük, da sein Pferd mit ihm reden konnte. Ich spreche keinesweges den Fabeln ihren Nuzzen ab; sie werden fleißig gelesen, aber bilden äusserst selten. Die Stükke, die Arvelius aus dem Kinderfreund in das Ehstnische übersezt hat, haben vor allen andern einen Vorzug; sie passen auf das Hauswesen;

sen; so wie mir Stenders gudribas Gramatas dienlicher zu seyn scheinen, als seine jaukas Passakas.

Wenn ich auch hier einen Vorschlag sagen darf, so wünschte ich wohl, daß sich eine Gesellschaft biederer Männer niedersezte, und nachfolgende Stükke zwekmäßig, in einem Buche drukken, aber ganz wohlfeil verkaufen ließe, nemlich:

Einen Auszug aus den Sprüchwörtern und dem Prediger Salomonis, verbunden mit dem Buche Jesus Sirach. Ich wüßte nach meiner festen Ueberzeugung kein Werk füglicher in die Hände der Jugend zu geben, als eben dieses. Menschenkenntniß, Unterthänigkeit gegen die Obrigkeit, schöne Moral, zeichnen sich in einer kernhaften Sprache so sehr aus, daß ich wünschte, daß Vornehme und Niedere, den Sinn derselben auswendig wüßten. Die innere Hausverfassung mahlet sich dort, verbunden mit der Sittsamkeit, so treffend aus, daß aus diesem Lesebuch von selbst eine Bildung entstehen müste, und sich hiedurch allein bey unsern Bauern manche

Liefl. Gesch.   M   Vor-

Vorurtheile zerſtreuen würden, zumal da ſie gegen alles, was Gotteswort heißt, eine ausnehmende Ehrfurcht bezeigen. Ein kernhaftes kurzes und deutliches Geſezbuch, von dem was die Bauern eigenthümlich angehet, könnte dem beygefüget werden. Dann wäre ſein erſtes Leſebuch, aus dem er zuſammenleſen lernt, eine Vorbereitung für ihn auf die Zukunft; das nicht allein ſeinen Verſtand bildete, ſondern ihn auch Bürgerpflicht und Bürgertugend lehren würde. Lernte er nun noch ſeinen Katechismus, und hörte fleißig die zu großem Vortheil ſonntäglich anbefohlne Katechiſation ſeines Predigers — wie nuzbar könnte die Lehre für ſein Leben werden. Sein Leſebuch würde dann, zugleich ſein Handbuch für ſein ganzes Leben ſeyn; und ſeine Tugend gründete ſich dann von ſelbſt auf ſeinen Unterricht.

Aber hiebey würde ich doch wohl rathen, daß man künftig nicht mehr aus den Lostreibern d. h. aus den Invaliden, die Dorfs-Schulmeiſter wählt, und dadurch gleichſam auf eine höflichere Art eine Almoſensen=Verpflegung macht. Die Obrigkeit hat freylich vor ganz kurzer Zeit die Wahl derselben gewissermaßen den Predigern überlassen, die dankbar diese Freyheit nüzlich gebrauchen werden. Indeß kann der Prediger doch nicht für den nöthigen Unterhalt dieses Menschen sorgen; und wenn der Bauer es thun soll, so ist es wieder eine Auflage mehr. Allein mich däucht, der Schulmeister ist im moralischem Verstande, doch allemal so wichtig als der Starast, Kubjas und Schilter (so heißen die Bauer-Aufseher,) nur immer dem Erbherrn seyn können. Gewöhnlich sind sie von aller Arbeit bey Hofe, und auch von aller Gerechtigkeit frey; dahingegen der arme Dorfs-Schulmeister sich ganz kümmerlich ernähren muß. Wäre es nicht löblich, wenn Erbherren, die ihren Bauerkindern einen Schulmeister geben müssen, dazu einen ehrbaren Wirth erwählten, und ihn, so wie ihre Gebiets=Aufseher von aller Arbeit und Gerechtigkeit befreyten? ich denke, dadurch würde unstreitig der Eifer für den Unterricht unter dem gemeinen Volke aufleben, der Stand geehret seyn, und die Begierde

M 2 nach

nach diesem Dienst, den Nuzzen schaffen, daß jeder sich von selbst dazu tüchtig zu werden bestens angelegen seyn ließe. Gut, aber der Herr verliehrt an seiner Arbeit? nein, gar nichts. Ich nehme z. B. ein Guth von 5 Haaken, welches doch sicher 20 Wirthe haben wird; wenn der Herr nun einen von ihnen zum Schulmeister sezte, der ihm wöchentlich 2 Tage leistet, so würde, wenn diese Arbeit wöchentlich wechselsweise von Gesinde zu Gesinde umginge, den ganzen Winter hindurch nur einmal an jeden Wirth die Tour kommen. So viel kann jeder Vater für sein Kind thun; so viel muß jeder Wirth für das allgemeine Beste opfern; dazu der Herr dann seine Gerechtigkeit mildthätig schenket.

Die Kirchen-Vormünder sind ohnedem befugt, über die Sitten der Bauern zu wachen; und genießen für ihren Dienst einige Erleichterung. Wie wäre es, wenn man diesen Menschen, die schon eine Würde unter ihren Brüdern haben, den Schuldienst und den Erlaß von aller Hofsarbeit und Gerechtigkeit noch dazu gönnte? ich
glau-

glaube zuverſichtlich, daß hiedurch ein ed-
ler Trieb zum Unterrichte entſtehen würde,
der unmerklich wahre Bildung erzeugen
könnte.

Allein der Unterricht muß nicht bloß
bey einzelen Worten ſtehen bleiben; ſondern aus allen Kräften auch veredelt werden. Keinesweges denke ich hiedurch an
ſehr feine Ausbildung: eine ſolche kann
der Geiſt des Bauern gar nicht faſſen, und
ſie wäre ihm auch unnüz. Aber Schreiben und etwas Rechnen wünſchte ich würklich allgemein zu machen. Es gibt Bauern, die als Schuljungen*) an ihren Höfen
die Schreibekunſt gelernt haben, und ſie
nach ihren Dörfern brächten; aber aus
Mangel an Gelegenheit, als unnüz wiederum vergeſſen haben. Würden alle Herren ſo geſinnt ſeyn, als der Beſizzer eines
Guthes in dem Kirchſpiele, wo ich wohne,
ſo würde die Schreibekunſt allmählig unter
den Bauern aufzuleben anfangen. Sein

M 3 Auf-

---

*) d. h. Bauerjungen, die den Hofmeiſtern oder
    Hauslehrern zur Aufwartung als Bediente
    gegeben werden.

Aufseher kann ziemlich leserlich schreiben; er machte ihm daher selbst ein Buch, gab Feder und Dinte dazu, damit der Kubjas seine Arbeitsrolle täglich geschrieben abgeben könne, und alles anzeichnen möge, was er verrichtet hat. Zu meiner wahren Freude, habe ich neulich eine Schrift aus einer Niederrechtspflege gesehen, darin die Bauer-Beysizzer sich selbst mit unterschrieben haben. Ich wünschte würklich, daß die Protokolle, dort wo Bauern sizzen, auch in ihrer Sprache geführt werden möchten. Das wäre ein Schritt weiter zur Verfeinerung des Leibeigenen. Zwar weiß ich ganz gut, daß man hin und wieder die Verfeinerung als böse unter den Bauern ansieht, und wohl gar sich einbildet, daß Schreiben ihn zum Verlaufen bringe. Nichts weniger als das. Eben mehrere Bildung fesselt ihn an seinen Herrn mit frohem Muth. Izt sieht der Bauer scheu aus, wie einer, den das böse Gewissen plagt, wenn er mit seinen Herrn spricht; aber gebt ihm nur etwas Kultur, und ein wenig Freyheit mehr: ich zweifele nicht, daß jeder ohne Unterschied sehr bald mit der Artigkeit, mit dem

dem freyen Ton, antworten wird, den wir
an den würklich rußischen Bauern viel-
fältig bewundern. Der rußische Leibeigene
hat schon in manchem Betracht weniger
Drang und mehr Kultur als der lief- und
ehstländische Bauer; viele unter ihnen lernen schreiben, und der Herr gewinnt
dabey.

Ich finde in dem ehstnischen zu Reval
gedruktem Katechismus, daß man das
1 mal 1 zugleich mit als einen Anhang hat
drukken lassen. Ein herrlicher Einfall, der
den Bauer gegen manchen Betrug sichern,
und zu mancher Ordnung bringen kann,
ohne daß er es selbsten weiß. Bey dem
Rechnen würde er allmählig denken lernen, seine rohen Seelenkräfte unmerklich
abschleifen, und wenigstens in kurzer Zeit
seine Einnahme und Ausgabe gehörig einzutheilen wissen. Ferne sey es doch, daß
ich diese Wissenschaft in dem Grade von
dem Bauern fodern würde, als der fein
Erzogene sie kennen sollte, aber selten weiß;
genug wenn die ersten Grundsäzze ihm ganz
geläufig wären. Dadurch würde er für
sich selbst zuweilen bey der Verwandelung

sei-

seiner Produkte spekuliren, und öfters seinem Herrn, als Aufseher, Amtmann, Bedienter u. s. w. nüzzen, der dadurch einen großen Lohn an Menschen ersparen könnte, die izt allmählig, ich weiß nicht wodurch, auszuarten anfangen.

Doch wer soll ihn schreiben und auch rechnen lehren? — die Bauern, die diese Geschiklichkeiten haben, sind in Geschäften angestellt, oder verwalten ihre Gesinder; also die Küster und Schulmeister, die gesezmäßig bey jeder Kirche seyn müssen.

Dieser Dienst ist vor vielen Ländern, in Lief= und Ehstland gut dotirt. In vielen Kirchspielen ist ihnen eine Einnahme von 200 Rubeln, auch wohl darüber, angewiesen, und in den wenigsten sind es Leute von Begriffen. Wie wohlthätig wäre es doch, wenn auch sie zur öffentlichen Verfeinerung dienen müßten, und unentgeltlich ihre Kenntnisse dem Leibeigenen gönneten! Zeit fehlt diesen Leuten nicht, aber öfters wohl die Geschiklichkeit. Es finden sich sicher, ordentliche, reputirliche Leute, denen dieses Stükchen Brodt sehr beha-

behagen würde. Sie leben gleichsam unter den Bauern, sind ihre Freunde, und würden gar ihre Vertrauten werden, wenn sie das Geschäfte hätten die Jugend zu veredlen. Selbst mancher Handwerker, der aus Armuth einsam in einem Kirchspiel lebt, würde dabey gewinnen. Seine Kinder lernen izt gar nichts, und würden dann zuverläßig sich zu ihrem künftigen Handwerk ohne Mühe vorbereiten. Natürlich sezze ich voraus, daß der Prediger des Kirchspiels über diese Schule die strengste Aufsicht haben müßte, und wenn er fleißig sie visitiren würde, und mit verständigem Rath seinem Schulmeister zur Hand ginge; so würden wenig Jahre dazu gehören, den Bauersinn ganz umzuschaffen.

Nach den Vorschlägen, die ich hier entworfen habe, zweifele ich nicht, daß der Bauer Lust zur Arbeit, Liebe zu seinem Lande, und Freyheits-Sinn erhalten würde; Ausartung in Frechheit darf Niemand dabey befürchten. Wir brauchen gar nicht unsere Ländereyen, die dem Adelhofe gehören, und eigentlich die Hofsfelder heissen, den Bauern abzugeben, und dafür eine ewige Zinse zu nehmen, wie es der Fürst Franz Sulkowsky in Pohlen gethan hat; die Lage kann dort vielleicht anders seyn: auch nicht auf gewisse Kontraktjahre, den Bauern die Brustäkker des Hofes mit den Bauer-Ländereyen zu überlassen, wie es in Böhmen geschehen ist. Bey uns würde eine solche Einrichtung anfangs gewiß manchen Mangel hervorbringen. Allein leben und auch leben lassen, sagt ein gewöhnliches liefländisches Sprüchwort, das auch mein Motto ist, welches ich allen Erbherren empfehle, die ihre Bauern gerne glüklich sehen.

Nachschrift.

Wenn der Eigennuz meinen würklich patriotischen Vorschlägen eine andere, wohl gar gehäßige Gestalt zu geben suchen wird; so ertrage ich es sicher mit der Standhaftigkeit, mit welcher der Menschenfreund zuweilen die beste Absicht vereitelt sieht. Ich habe keines Menschen Eigenthum begränzt, und

und nicht ein Wort von der Freyheit des Bauern in Lief- und Ehstland fallen lassen; aber ich wünschte, daß auch der Leibeigene, mit der Freude die Sonne anschauen könnte, mit welcher wir sie täglich sehen.

Vorsezlich bleibt mein Nahme ungenannt. Nicht weil ich mich fürchte; sondern weil die Wahrheit nicht aus dem Munde eines Jeden gleich angenehm und willig aufgenommen wird. Aber öffentlich verspreche ich, daß ich mich vertheidigen werde, wenn man mir ordentliche Gründe entgegen stellt, und dann muß ich manche Kleinigkeit wieder sagen, wozu ein verständiger Leser hier nur Winke fand.

Gerne will ich verborgen bleiben, wenn ich nur das Glük erlange, durch diese Schrift, eine, und wäre es auch nur die entfernteste, Veranlassung gegeben zu haben, daß ein Wohlleben sich in der Hütte des leibeigenen Bauern in Lief- und Ehstland zu zeigen anfangen wolle.

Die verschiedene Schreibart, da dasselbe Wort z. B. bald deutsch und auch bald latei-

lateinisch geschrieben erscheint, wird der Leser gütigst verzeihen. Ich habe oft fremde Nachrichten, aus öffentlichen Dokumenten eingerükt, und da ward es mir Pflicht, diplomatisch strenge, jedes Wort so zu schreiben, wie ich es im Original geschrieben fand.

Erster

Erster Anhang.

Der Titel des Bauerrechts, das ich vorn genannt habe, und hier aus dem Lettischen übersezt, meiner Abhandlung beyfüge, ist wörtlich dieser:

Ascheradensches und Römershoffsches Bauerrecht,

gegeben
von
Karl Friedrich Schoultz,
im Jahr 1764 nach Christi Geburth.

I.
Von den Dingen, die den Bauern eigenthümlich gehören.

1.

Alle trag- und fahrbare Haabe, das ist: Geld, Getrayde, Vieh, Pferde, Kleidungen, Geräthe, die der Bauer izund hat, oder inskünftige noch erwirbt und erhält, erkenne ich durch dieses Gebot, für sein rechtmäßiges, freyes Eigenthum, also daß er die Freyheit hat, mit diesem seinem Eigenthum zu schalten, wie es einem jeden gefällt, es zu verkaufen, zu verpfänden, seinen Kindern oder Verwandten, wenn er stirbt, zur Erbschaft zu überlassen.

2. Bey dem Verkauf solcher trag- und fahrbaren Haabe, bleibt dennoch dem Erbherrn das Näherrecht zum Kaufe vorbehalten;

ten; jedoch aber nicht anders, als wenn er denselben Preiß giebet, der dem Bauer von Andern geboten worden ist, oder gegeben werden mag.

3. Aber sollte der Bauer mit dieser seiner Haabe schlecht umgehen, und zu seinem und der Seinigen sichtbaren Untergange, sie verderben lassen; so hat der Erbherr Erlaubniß und Recht, einen solchen unwürdigen Haushalter mit voller Kraft und Gewalt zu zwingen, und wenn er es für gut befindet, diesem Zerstöhrer, Vormünder (Aufseher) zu sezzen.

4. Das dingliche Recht *) in denen Sachen, die nach dem Tode eines Bauern seinen Kindern oder Verwandten zufallen, soll also seyn und bleiben, als die alte Gewohnheit es bey den Bauern mit sich bringt. Dennoch aber nur dergestalt: wenn der nächste Erbe in einem fremden Gebiethe verheirathet seyn sollte, alsdenn soll nicht er, sondern die nächsten Blutsfreunde, die
in

---

*) Ich weiß dieses Wort nicht anders zu übersezzen, es heißt dort Mantoschana Teesa und begreift alle Kleidungen, Geräthe u. d. g.

in diesem Gebiethe wohnen, die Erbnehmende seyn. Aber träfe es sich, daß ein Bauer stürbe, und hinterließe in diesem Gebiethe gar keine Bluts - Verwandten, dann fallen mit vollkommenem Rechte, alle seine nachgebliebene Sachen dem Erbherrn zu, der dann mit ihnen nach seinem Gutdünken schalten kann.

5. Hat der Bauer etwas von seinem Erbherrn auf Schuld genommen, dann haftet er mit seinem ganzen Vermögen für diese Schuld; und wenn er diese Schuld nicht zu der versprochenen Zeit bezahlet, dann hat der Erbherr, vor allen andern Gläubigern, Fug und Recht, seine Bezahlung aus den Sachen dieses Schuldners zu nehmen; dennoch aber soll es dem Bauer frey stehen, bey dem Kayserlichem Landgericht um Gnade zu suchen, wenn ihm hierin unrecht wiederfahren ist.

II.

Von dem Bauerrecht in Betracht ihrer Länder.

1. Alles Bauerland bleibt, so wie von alten Zeiten, also auch in der Zukunft, dem

Erbherrn eigenthümlich eigen: dennoch soll einem jeden Bauer sein Stük Landes, welches ihm einmal eingewiesen ist, und welches er bearbeitet, wenn er so wie hernach gezeigt wird, gehörig gehorcht, und seine Gerechtigkeit abgiebt, für ihn und seine Kinder zu ewigen Zeiten verbleiben.

2. Aber kann dieser Bauer weder also seinen Gehorch leisten, noch die Gerechtigkeit bezahlen; wie hernach gezeigt wird, denn wird es der Ueberlegung und dem Wissen des Erbherrn anheim gestellet, ob er noch eine Zeitlang einen solchen Bauer dulden, oder ihm einen andern Bauer beylegen, oder ihn gänzlich von diesem Lande absezzen, und als Knecht zu einem andern Wirth sezzen will. Ein jeder kann wohl leicht erwägen, daß jeder Erbherr seinen eigenen Nuzzen am besten verstehen, und gewiß ohne die größte Nothwendigkeit keinen Bauer aus seinem Gesinde aussezzen wird. Und wenn der (abgesezte) Bauer darüber klagt, denn gezienit es wohl dem Erbherrn zu zeigen, daß der Bauer keine seiner Arbeiten gethan, noch seine Gerechtigkeit bezahlt hat, und auch gar nicht mehr

ver-

vermögend ist, diese Arbeit zu thun, und
die Gerechtigkeit zu zahlen. Aber wenn
dieß gezeigt worden ist, dann hat der Erbherr keinem mehr Red und Antwort zu geben, wenn er einen solchen abgesezten Wirth
anders wohin verlegt, oder was er mit
seinem Lande gethan hat.

3. Die Gebäude und Wohnungen, bey
denen Ländern und Gesindern, die wiederum an den Erbherrn zurükgefallen sind,
bleiben daselbst, und werden nicht bezahlt.

4. Wenn ein Wirth gestorben ist, dann
geziemt es nicht den Töchtern, sondern den
Söhnen, des Vaters Land anzunehmen.
Wenn keine leiblichen Söhne vorhanden
sind, sondern Schwiegersöhne, oder Töchter, und die als Aufzüglinge erzogen sind,
welche des verstorbenen Vaters Gesinde
vorstehen können, dann können auch
solche des Vaters Land annehmen, und
wieder ihren Kindern zur Erbschaft hin-
terlassen: aber sollten weder Söhne, noch
verheirathete Töchter, noch Aufzüglinge,
nachgeblieben seyn; dann fällt das Land
dem Erbherrn zu, so daß er nach seiner
Ueberlegung und gutem Gewissen, damit
schalten kann wie er will.

5. Den

5. Den Kindern wird die Freyheit ertheilet, sich in des Vaters Land zu theilen, dennoch also, daß jeder Theil nicht kleiner wird als ein Achtel. Aber wenn ein Sohn, zu Lebzeit des Vaters, in ein anderes Gesinde sich eingeheirathet hat, denn muß er auch dort bleiben, und keinesweges ein Theil von dem Lande des Vaters fodern.

6. Da das Bauerland in den Gränzen sehr verwirrt, und noch nicht berichtigt worden ist; so behalte ich mir vor, dieses Land so balde als möglich, übermessen zu lassen; bey welcher Messung dann die Bauern ihre Hülfe geben. Nachher soll eine allgemeine Eintheilung vorgenommen, und einem jedem Bauerlande, so viel ihm zugefallen ist, reine und rechte Grenze gesezt werden. Und dieß soll ein ewiges, und unverlezliches Recht verbleiben.

7. Dem Bauern wird vergönnt, aus dem Hofswalde, zu seiner Haus-Nothdurft, Bau- und Brennholz zu nehmen; aber keine Freyheit wird ihm verstattet, ohne ausdrükliche Erlaubniß des Hofes, Holz zu verkaufen, es sey aus dem Hofswalde, oder auch aus seinen eigenen Röhdungen.

III.

III.

Von des Bauern eigenen Verrichtungen, seinem Gehorch und Abgaben.

1. Der Bauer bleibt, so wie vorher, auch in der Zukunft, allezeit leibeigen *) und unterthan dem Herrn, dem das Guth gehöret; und wenn er entläuft, so wird er als ein solcher Mensch, allenthalben aufgesucht, und nach den Rechten ausgeliefert und zurükgebracht. Seine Pflicht ist es ferner, seinem Erbherrn in allen Dingen, mit ganz uneingeschränkten Gehorsam, und mit festen Zutrauen ergeben zu seyn. Dennoch soll dem Erbherrn nicht mehr die Freyheit verstattet seyn, über den Gehorch und über die Abgaben, die hier angewiesen werden, auch die geringste Kleinigkeit, ohne Ersaz von den Bauern zu fordern. Dem Erbherrn soll gleicherweise nicht erlaubt seyn, einen Bauer nach seinem Willkühr von dem Guthe zu trennen, zu verkaufen, oder wegzuschenken; es sey dann,

---

*) Ossimts Zilweks Ejbuteush nach den Worten.

dann, daß der Bauer ſelbſt darein willigt, und dieſen ſeinen Willen vor dem Landgericht ausſagt. Aber, wenn der Erbherr dem Bauer ſelbſt die Freyheit von ſeiner Erbgerechtigkeit ſchenken oder verkaufen will, ſo iſt ihm dieſes keinesweges unterſagt.

2. Sollten in einem Bauergeſinde mehr Menſchen vorhanden ſeyn, als zur hinreichenden und vollſtändigen Bearbeitung des Bauerlandes, und des Hofes-Gehorchs vonnöthen ſind; dann hat der Erbherr die Erlaubniß, diejenigen, ſo überflüßig ſind, auszunehmen, und ſie entweder andern Geſindern, welche Menſchen brauchen, zuzulegen, oder ſie auch auf wüſtes Bauerland zu ſezzen. Aber ſollten die Bauern keinen Mangel an Menſchen haben, oder ſich kein wüſtes Bauerland in dem Gebiethe mehr finden; dann ſtehet es dem Erbherrn frey, denen Menſchen, die überflüßig ſind, andere Arbeiten anzuzeigen und aufzugeben, für welche zugefallene Arbeit ihnen der gehörige Lohn zu ſtatten kommt.

3. Zu Hofs-Domeſtiken iſt dem Erbherrn erlaubt, aus den Gebietern Leute aus-

auszusuchen; jedoch also, daß den Bauern zu dem Gehorch des Hofes hinreichende Menschen nachbleiben. Aber ein Junge soll nicht länger in den Diensten des Hofes stehen, als bis er vier und zwanzig Jahre alt geworden ist, und ein Mädchen nicht länger, als bis sie zwanzig Jahre hat. *) Wenn sie zu diesem Alter gelanget sind, sollen sie vom Hofe entlassen, und nach ihren Gebietern gegeben werden. Die Versorgung der Hofs-Domestiken, für ihre Dienste, wird dem Wohlwollen und der Beherzigung des Erbherrn empfohlen.

4. Die ordentlichen Wochen-Arbeiten, und die abzugebenden Gerechtigkeiten, werden so wie in dem Wakkenbuche stehet, gethan und gegeben; aber die Hülfstage, welche die Bauern noch überdem thun müssen, die bleiben alle so, wie ich sie vor meiner Zeit vorgefunden habe, und so wie sie bis an den heutigen Tag gehalten sind. Dennoch aber, damit hiebey keine Verwir-

---

*) Welch ein Glük für einen Sklaven, der einen Herrn hat, welcher menschliches Gefühl gelten läßt!!! Anmerkung des Herausgebers.

wirrung vorfallen möge, so sollen izund hier diese Dinge deutlicher auseinander gesezt werden.

5. Im Frühlinge kommen zum Binden der Floßhölzer, aus jedem Gesinde das sein eigenes Land hat, ein Kerl oder auch ein Weib, auf Hofesbrodt, so lange diese Arbeit dauert; und sobald die Arbeit vollendet ist, erhalten die Leute drey Faß Bier. Nachgehends kommen von einem Viertler, ein Kerl und ein Weib, und von einem Achtler ein Kerl, auf ihr eigenes Brodt, diese Flößer nach Riga abzulassen, und das Holz daselbst aufzustellen.

6. Bey der Mistfuhre und Ausbreitung des Düngers, kommen von einem Viertler zween Menschen mit zweyen Pferden, und von einem Achtler halb so viel, die so lange bey Hofe bleiben, bis alles ausgeführt ist. *) Dafür erhalten beyde Gebieter zusammen drey Faß Bier.

7. Sonst mußten die Bauern noch ausser der gesezmäßigen Arbeit, manche Heuschlä-

*) In den Kronsgütern ist dieser Punkt anders und auch besser bestimmt. Anmerk. d. Herausgeb.

schläge mit gesamter Hand abmehen und
aufnehmen; aber da diese Arbeit mit gesamter Hand, ihnen allen schwer wurde,
so übernahmen sie selbst, an deren Stelle,
von einem Viertler sechs, und von einem
Achtler drey Hülfstage bey der Arbeit zu
thun. Dabey soll es auch in der Zukunft
bleiben; jedoch müssen die Bauern das
Heu von Breschala und Dibbena, zu Winterszeit mit gesamter Hand, nach dem Hofe
führen, dafür ihnen denn zwey Faß Bier
gegeben werden.

8. Was der Hof eingesäet hat, das
müssen die Bauern auch einärndten, und
das Getrayde in den Scheuren zusammen
bringen. Bey der Schneidezeit des Getraydes wird einem jeden sein Gesindes-
Stük, so wie es einem zukömmt, zugemessen; aber das Zusammentragen des Korns
geschicht mit gesammter Hand. Aber damit die Aussaat des Hofes zur Last des
Bauern nicht gar zu groß werden möge,
so haben die Bauern nicht mehr nöthig, zu
schneiden, und zusammen zu nehmen, als
so viel, wie mit den wöchentlichen Arbeitern eingesäet und bearbeitet ist. Nach der
Einärndtung werden den Bauern von beyden

den Güthern zusammen 3 Faß Bier vom Hofe gegeben.

9. Obgleich die Fußarbeiter von Michaelis ab, nicht mehr kommen, so müssen sie doch des Nachts zum Dreschen kommen, bis alles Getraͤyde ausgedroschen ist. Desgleichen müssen die Bauern mit gesamter Hand, allen Flachs und Hanf, welchen der Hof bauet, ausweichen.

10. Bey Verführung des Hofs-Getraͤydes, oder den Kleeten-Fuhren, gibt ein Viertler vier, und ein Achtler 2 Fuhren; dennoch nicht weiter, als bis Riga, und auch nicht anders als zu Winterszeit, von December bis zum März Monath. *) Auf ein Fuder soll nicht mehr gelegt werden, als bey gutem Wege Acht Lof Roggen, und bey schlechtem 7 Lof, oder was in der Schwere dem gleich ist. Wollte der Erbherr mit diesen Fuhren, seine Produkten, an einen Ort hinführen, der weiter ist als Riga, oder von einem entfernterem Orte etwas hohlen lassen, so ist seine Pflicht, so viel als dieser Weg entfernter ist, dem Bau-

---

*) Möchten doch alle Erbherren, diese güldene Regel menschenfreundlichst beherzigen!

Bauern, mit Erlaß von seinen Arbeitstagen, oder auch mit Geld, zu ersezzen. Eben so hat der Bauer auch nicht nöthig, wenn er an dem benanntem Orte seine Fuhre abgeladen hat, wieder eine Rükfracht zurük zu führen, es sey dann, daß ihm eine Vergütung gegeben wird, mit der er zufrieden ist. Hat der Erbherr mehr zu verführen, als die bestimmten Fuhren bringen können, oder als er ausführen will, wenn dieses zu Winterszeit nicht geschehen ist; so kann es nicht anders geschehen, als mit den wöchentlichen Arbeitern, und ein wöchentlicher Arbeiter mit einem Pferde, wird für eine Fuhre nach Riga, von der Arbeit abgerechnet. Aber wenn der Erbherr einige Fuhren, zu seinen andern Bedürfnissen aufbehalten wollte, dann kann er zwar an deren Stelle andere Arbeit auflegen, jedoch also, daß ein wöchentlicher Pferde-Arbeiter für eine Fuhre gilt. Solche Arbeit muß zu einer solchen Zeit gefodert werden, da es dem Bauer ohne seinen Ruin zu thun, möglich ist. Wenn das Jahr verflossen ist, denn ist es nicht mehr erlaubt, die noch rükständigen Fuhren nachzuhohlen, die nicht gegangen sind.

II. Kor-

11. Korden zur Verpflegung des Viehes, werden von Michaelis bis St. Georg von Ascheraden drey, und von Römershof zwey gegeben; aber wenn hinführo alle wüste Bauer-Gesinder besezt sind, dann werden von Ascheraden vier Korden geliefert. Im Sommer wird ein Junge oder ein Mädchen, zur Hütung der Schaafe und Schweine, auf Hofsbrodt gegeben.

12. Wenn die Arbeiter am Sonnabend von Hofsdienst entlassen werden, dann kommen zur Wache bey Hofe, von Ascheraden zwey, und aus dem römershoffschem Gebiete ein Kerl, mit Wagen und Pferde, die am Montage, wenn die Arbeiter zusammen kommen, wieder entlassen werden.

13. Die Haltung der Post nach Riga, haben die Bauern durch meine Ueberredung, wechselsweise mit Schreibershof übernommen; dafür erhalten sie jährlich zu Michaelis drey Faß Bier: aber auf den Wagen des Postkerls muß nie mehr, als vier Lespfund an Gewicht aufgelegt werden. Will der Erbherr mehr auflegen, so muß er zusehen, wie er es mit dem Postboten bedingt.

14. Auf-

14. Ausser dem Gerechtigkeits-Garn, soll ein Viertler, fünf Pfund Hofsflachs, und zehn Pfund Hofsheede, zu Hause spinnen. Die Zugabe ist statt der Handarbeit, welche die Korden zu thun pflegen.

15. Zur Wäsche der Hofskleider, kommen Weiber und Mädchens aus den Gebietern, nach der Reihe, auf Hofsbrodt.

16. Da nun dem Erbherrn keine Freyheit verstattet wird, über den bestimmten Gehorch, und die Gerechtigkeits-Abgaben, auch die geringste Kleinigkeit, mit Gewalt von den Bauern zu nehmen, oder zu fodern; so wird auch dem Bauer die Erlaubniß hiedurch ertheilet, wenn er glaubt, daß sein Herr dieses Recht überschritten, und ihm zuviel gethan hat, bey dem kayserlichem Landgerichte über seinen Herrn zu klagen, und seinen Ersaz zu suchen. Aber da es doch zuweilen geschehen könnte, daß der Bauer, entweder durch die Ueberredung böser Menschen, oder auch durch seinen eigenen bösen Sinn, sich dieser Arbeit und dieser Abgaben entledigen wollte, die er dennoch thun und geben muß, wodurch er seinem Erbherrn einen solchen Schaden zufügen könnte, welchen er nicht zu ersezzen ver-

vermögend ist: so müssen die Bauern insgesamt dasjenige gehorsamst thun, was der Herr befohlen hat, und ehe dasselbe gethan ist, ist keinem die Erlaubniß ertheilet, bey dem Richterstuhle zu klagen. So balde nachgehends der Richter findet, daß dem Bauern zu viel geschehen ist, so ist der Erbherr allezeit vermögend, den Schaden wieder zu ersezzen, den er seinem Bauern gethan hat.

17. So wie dem Erbherrn es zukömmt, nach der Erkenntniß des Richters, seinem Bauern den Schaden zu ersezzen; so ist im Gegentheil auch der Bauer verbunden, wenn er unrecht geklagt hat, die dem Herrn verursachten Unkosten wegen des Urtheils, zu bezahlen, und wenn er dieses nicht vermögend ist, so muß er dafür an seinem Leibe leiden, nehmlich für jeden Thaler zwey Paar Ruthen.

18. Die gewohnte Züchtigung mit der Peitsche oder der Karbatsche, für unrechte Arbeit, als auch die größere Strafe für Verbrechen und Ungehorsam, bleibet hinführo, eben so wie vorher von alten Zeiten ab, in der Gewalt des Erbherrn.

Zwey=

Zweyter Anhang.

Genaueste Berechnung
eines Haaken
in Liefland.

Ein Auszug
aus den Revisions-Akten von 1688.

Vorbericht.

Alle öffentliche Abgaben in Liefland, haben ihren Grund, und ihre Bestimmung in der richtigen Berechnung der Haaken. Der Ertrag, den das Land gibt, haben Station, Roßdienst und andere Gelder berichtigt. Wenn man also von denen Abgaben redet, die das Land, von dem Lande, d. h. von seinem Boden, gibt;

Vorbericht.

gibt; so wird man nie anders die Sache verstehen, als wenn man die Ausrechnung der schwedischen Haakenzahl inne hat. Nachfolgende Blätter enthalten die genaueste und vollständigste Berechnung eines Haakens, nach der Methode, und aus den Akten selbst genommen, wie im Jahr 1688 die schwedischen Revisoren, in Liefland verfahren sind.

Einleitung.

Von den Krons-Einkünften vom Lande in dem Herzogthum Liefland.

Es haben die vormahligen Herrschaften dieses Landes, zu ihrer Hofhaltung gewisse Domainen besessen; und auch im Fall der Noth zur Protektion des Landes, eine ansehnliche Macht aufgeboten, wie es die Privilegia und historische Nachrichten dieses Herzogthums darthun. Man findet auch, daß unter der polnischen Oberherrschaft in dem Jahr 1583 eine Revision und 1584 eine Reduktion vor sich gegangen sey. Worin aber alle diese Domainen zu jeder Zeit bestanden, und wie sie disponiret worden; auf welchen Fuß der Militaire Stand gewesen; wie die Revision in polnischen Zeiten geschehen; und was für Güter, die damahlige Reduktion betroffen, das alles kann schwerlich ausgemacht werden, weil hierüber keine autentique Nachrichten vorhanden sind. Man würde auch solches eben so wenig, als den Unterschied der Haaken der zwischen den heermeisterlichen großen Haaken von 66 Basten (den Bast ausser der Zugabe 6 mahl um den Kopf und 6 mahl um den Daumen, zu 66 quadrat Faden genommen, welche $3\frac{1}{2}$ Elle rigisch und der ganze Bast 53361 quadrat Ellen, 66 derselben aber 3521826 ☐ Ellen rigisch oder 177 Tonnen Aussaat ausmachet) und den kleinen Haaken von 30 Tonnen gutes Land; imgleichen zwischen des Erzbischofs Albert des 2ten Haaken de Ao. 1262 von 66 Tonnen rigisch, und des Herrmeisters von Plettenbergs Haaken de Ao. 1495 von 20 Schnur, die Schnur zu 260 Ellen quadrirt, oder 4 Schnur mit der Breite und 5 in der Länge genommen, welche 1352000 ☐ Ellen oder 96 Tonnen Aussaat, eine Tonne zu $14083\frac{1}{3}$ ☐ Ellen rigisch gerechnet, gehalten: und auch zwischen den polnischen großen Haaken von 120 Tonnen,

und

und denen nachherigen Haaken zu 30 Tonnen gutes Land, exiſtirt hat, zu izigter Zeit zu etwas anders, als zur Hiſtorie der alten Jahre mit Nuzen gebrauchen können, weil unter der ſchwediſchen Regierung wegen der publiquen Einkünfte und der Adelsfahne, eine eigene Oekonomie-Verfaſſung feſtgeſezzet iſt, welche dem Lande von deſſen zeitherigen glorwürdigſten Beherrſchern in totum beſtätiget worden.

Obzwar nun freylich, auch die 1638 unter der ſchwediſchen Regierung gehaltene Reviſion, in Betracht der neuen Methode, nichts wichtiges entſcheidet; ſo kann doch die, der damahligen Reviſions-Kommiſſion gegebene Inſtruktion, nur ſo weit, als ſie in der Inſtruktion de Ao. 1687 §. 1 conditionaliter beybehalten worden, zur Beſtärkung der Wahrheit, des erforderlichen Falles angeführet werden.

Da alſo die Einkünfte der hohen Krone von der unter der ſchwediſchen Regierung feſtgeſezten Oekonomie-Verfaſſung abhangen; ſo muß zuförderſt dieſe Verfaſſung beſchrieben werden.

Von der schwediſchen Oekono-
mie-Verfaſſung in Liefland.

I. Von der Reviſions-Methode.

A. Von der Inquiſition der Höfe.

Nach der ſchwediſchen Methode, wird bey jedem Guthe unterſucht und aufgezeichnet:

1) Unter was für einem Rechte, ein ſolches Guth gehört und beſeſſen wird.

In der Reviſions-Inſtruktion vom 22 May 1630 im 3. Punkt iſt enthalten: „Die „Reviſionen ſollen aus den Häuſern und „Höfen, bey den Einhabern, Beſizzern, „denen vom Adel, Amtleuten, alten Bau-„ren, auch in den Flekken, bey den älte-„ſten Leuten, für allen Dingen ſich befra-„gen: ob auch nach den Haupt-Staro-„ſteyen, und andern verlehnten und verge-„benen Höfen, Länder, Heuſchläge, Wild-„niſſe, Seen, Fiſchereyen und Bauren lie-„gen,

„gen, so annoch nicht vergeben seyen, und
„so niemahlen darunter gelegen, noch al-
„tersher darzu gehörig gewesen, und in
„Donationsbriefe, in specie nicht be-
„griffen."

Und in der Revisions-Verordnung
vom 30. Jan. 1688 paragr. 1. „Zum
„voraus wird dem possessori des Guthes
„notificiret, wo man die Revision zu hal-
„ten willens ist, und demselben angeson-
„nen, daß alle zum Guthe gehörige Bau-
„ren, und auf dem Lande sitzende Wirthe,
„nebst Krügern, Müllern, Roßdienst-
„Reutern, Amtleuten, Kubjassen, und an-
„dern Aufsehern, auf einem, oder einigen
„gewissen Tagen, zusammen berufen wer-
„den sollen. §. 2. Eine gleiche Notifika-
„tion wird denen Possessoren zu rechter Zeit
„gegeben, die man mit ihren unterhaben-
„den Bauren nach dem Orte verlanget, wo
„die Revision gehalten wird. §. 3. Bey
„dieser Zusammenkunft wird es denjenigen,
„welchen es angehet, zu wissen gethan,
„was zu der Revisions-Verrichtung gehö-
„ret, und von einem Jeden, nach der Kon-
„dition und Beschaffenheit des Guthes, al-
„les nachdem es entweder, Krons oder ade-

„lich

„lich ist, erfordert wird. Zum Ueberfluß „bestärken solches die Revisions-Akten von „Ao. 1688.„

2) Wie viele Hoflagen und Vieh-höfe unter jedem Guthe, befindlich, und zu welcher Zeit, und aus was für Ländern einige neue Hoflagen angelegt worden.

In der Revisions-Instruktion vom 22 May 1630 §. 11 ist enthalten: „Die „Revisoren sollen fleißig inquiriren, ob „auch die Erb- und Lehn-Herren, auch Ar-„rendatoren auf des Hauses und der Höfe „Lande, mehr neue Höfe und Gärten, als „nicht zuvor an einem Orte gewesen, be-„reits geleget, und hinführo zu legen in „Willens, und solcher Höfe Nahmen, den „Ort, und wie viel Bauren altershero „auf solchen Stellen gewohnet, fleißig ver-„schreiben, und davon schriftlich referiren.„ Und in der Revisions-Verordnung vom 30 Jan. 1688. §. 35. „Es wird un-„tersucht, wie viel Hoflagen und Viehhöfe, „zu jedem Guthe gehören, wie sie heissen, „und in welchem Kirchspiele ein jedes bele-„gen ist.„ Solches bestärken abermals
die

die schwedischen Revisions = Akten de Ao. 1688.

3) Wie die Gebäude auf dem Hofe und Hoflagen beschaffen.

In der Revisions = Verordnung dd. 30 Jan. 1688 §. 50 heißt es: „Es gebührt „sich auch, daß ein richtiges Inventarium „auf alle Gebäude der Kronshöfe, sowohl „auf das Wohnhaus, als Ställe, Klee= „ten, Riehen (Riegen), und andere der= „gleichen Beschreibung, von deren Beschaf= „fenheit, verfertiget werde."

4) Wie die Felder bey jedem Guthe und Hofe beschaffen seyn, und unter Kultur gehalten werden, und wie viel seit 5 a 6 Jahren in jedem Jahre specifice diverse Sorten Korn aus= gesäet, und bey der Aerndte wieder ein= genommen worden.

In der Revisions=Verordnung dd. 30. Jan. 1688 §. 35 ist verfüget: „Es „wird untersucht, wie viel von jeder Sorte „Korn, in den lezten 5 a 6 Jahren ausge= „säet, und bey der Aerndte eingenommen „worden: nemlich wie viel in rein Akker, „und auch in Buschland, Küttis oder „Dresch=

"Dreschland, oder auch in den wüsten Ge-
"sinder-Feldern: Auf welche Aussaat
"man dessen schriftlichen Aufsaz zu bekom-
"men sucht, der das Guth in Posses oder
"Disposition hat." Hierüber geben abermals die schwedischen Revisions-Akten
die Bestärkung.

5) Wie viel Röhdung und Küttis
jährlich gemacht worden, und was die
Aussaat und Aerndte davon in jedem
Jahr gewesen: imgleichen ob dazu noch
fernere Gelegenheit übrig ist. So auch
von den schwedischen Revisions-Akten von
Ao. 1688 bestärket wird.

6) Wie viel Heuschläge namentlich
vorhanden, wie sie beschaffen, wie
viele Kujen oder Fuder Heu jährlich
gemacht, und wie viel verkauft worden.

In der Revisions-Verordnung dd.
30. Jan. 1688 §. 43 ist enthalten: "auf
"den Kornboden folgen die andern Apperti-
"nenzien der Höfe, wovon auf eine oder
"die andere Weise Nuzzen und Geld gemacht
"werden kann. Bey denen Gütern, die
"nahe zu denen Städten belegen sind, und
"mehr Wiesen und Heu haben, als bey
"Hofe

„Hofe nöthig ist, suchet man billig ein ge-
„wisses Quantum von Fudern und Kujen
„Heu zu determiniren, welches zum Ver-
„kauf frey gegeben, und daher nach der
„Taxe ausgerechnet, und zur Arrende an-
„geschlagen werden känn; sonst aber wird
„auch überhaupt untersucht, was für Heu-
„schläge jeder Hof hat, und wie viel jähr-
„lich daselbst gemacht wird." Die schwedische Revisions-Akten von Ao. 1688 be-
stätigen auch dieses.

7) Wie die Viehweide beschaffen
ist, dieses beglaubigen ebenfalls die oft angeführten Revisions-Akten von Ao. 1688.

8) Wie viel Mühlen namentlich
vorhanden, und wie viel die Einnahme in 3 a 4 Jahren bey jeder Mühle
specifice gewesen, imgleichen was für
Land zu jeder Mühle gehöret.

In der Revisions-Instruktion vom
22. May 1630 §. 9 ist vorgeschrieben: „Die
„Revision soll fleißig inquiriren und ver-
„zeichnen, wie viel Mühlen bey einem je-
„dem Hause und Guthe sind, und wovon
„neue Mühlen eingerichtet werden können."
und in der Revisions-Verordnung von
Ao.

Ao. 1688 §. 46. „Der Kronsgüter Müh-
„len, und wie viel Matten a 3 bis 4 und
„mehrere Jahren eingekommen, imgleichen
„was zu deren Unterhaltung und jährlicher
„Reparation dagegen erfordert wird, muß
„genau untersuchet, und darnach ein Ver-
„schlag gemacht werden, wie weit eine sichere
„Summa an behaltenen Mühlen-Renten
„in der Arrende-Ausrechnung, aufgenom-
„men werden kann. Diejenigen Mühlen,
„welche nur zum Hausbehuf mahlen, oder
„nicht mehr an Matten einbringen, als zur
„Reparation, und Conservation der Mühle,
„ohngefehr erfordert wird, können zur Ar-
„rende nicht berechnet werden. Gleicher-
„maßen so können auch die Mühlen, welche
„ein oder anderer Arrendator, nachdem er
„die Arrende angetreten, angeleget, und
„mit seinen eigenen Unkosten aufgeführet
„hat, für des Arrendatoren eigene Melio-
„ration angesehen, und so lange seine Ar-
„rende Jahren dauren, ihn nicht angerech-
„net werden." Und weiter §. 11 „Wenn
„es befunden wird, daß ein Gesinde, oder
„Stük Landes verarrendiret ist; imglei-
„chen die Gesinder, welche von Reutern,
„Kubjassen, Schiltern, Krügern, Mül-
„lern

„fern u. a. m. für ihre Dienste, ohne Ab=
„giften genutzet werden: darüber wird in=
„quiriret, von was für Arrende Summa,
„Rente und Hakenzahl ein jedes ist." Al=
les dieses wird auch fernerweit durch die
schwedische Revisions-Akten von Ao. 1688
bestätigt.

Hierunter werden sowohl Wind= und
Waſſer-Brod-Mühlen, als auch Säge=
und Papier-Mühlen, und andere Werke
verstanden.

9) Wie viel Kruge namentlich vor=
handen, und wie viel in 5 a 6 Jahren
in jedem Kruge specifice Bier und
Brandtwein abgeſezzet worden, im=
gleichen, was für Land zu dem Kruge
gehöret.

In der Revisions-Verordnung vom
30 Jan. 1688 §. 47 ist enthalten: „der
„Kronsgüter Krug-Revenüen, von 4, 5
„oder 6 Jahren werden untersuchet, und
„davon eben so, wie von den Mühlen-Re=
„venüen, ein gewisses Quantum von ein
„Jahr formiret, wovon der Vortheil von
„jeder Tonne Bier zu $\frac{1}{4}$ Rthlr. taxiret wird.
„Die Kruge aber, in welche nicht mehr als

16

„16 a 20 Tonnen Bier jährlich verkrüget
„werden, kommen nicht in Konsideration,
„weil zur Unterhaltung eines Kruges zum
„wenigsten, so große Unkosten jährlich er-
„fodert werden; dahero denn auch bey der
„Taxirung solcher Krüge, in welchen ein
„größeres Quantum verkrüget wird, so viel
„als die Avance von 16 a 20 Tonnen Bier,
„zu deren beständigen Konservation jährlich
„bestanden und abgerechnet werden kann.„
Dieses vorhergehende wird nicht allein durch
die allegirte schwedische Revisions-Akten
von Ao. 1688 bestärket, sondern es ist auch
aus denen schwedischen Arrende-Ausrechnungen derer Güter Schmilten und Ron-
neburg zu ersehen, daß wegen des verkauften Brandtweins die avance mit $\frac{1}{17}$ Rthlr.
für jedes Stof und für eine Tonne Meth
$\frac{1}{2}$ Rthlr. zur Arrende berechnet worden.
Wegen der Krugländer s. oben 8 Quästion.

10) Ob einige Fischerey vorhanden, und in welchen Seen, Ströhmen
und Bächen namentlich: was für Importance in 3 a 4 Jahren specifice gewesen, und ob dazu Arbeiter besonders
bestanden worden, oder mit eigenen
Unkosten und Leuten bestellet wird.

In

In der Revisions-Instruktion von Ao. 1630 §. 8 ist vorgeschrieben, „die Re-
„visoren sollen fleißig inquiriren und ver-
„zeichnen, wie viel Seen, Stauungen,
„Teiche, Bäche und andre Fischereyen, und
„wie viel derselben bey jedem Hause, Ge-
„bieth und Hofe seyn„ und ferner in der
Revisions-Verordnung von Ao. 1688
§. 45. „Es wird untersucht, was für
„importante Fischereyen jedes Kroneguth
„hat. Die Lachs-Währen, wozu gewisse
„Arbeiter, ausser denen die zum Akkerbau be-
„standen werden, destiniret sind, wie auch
„das, was die Höfe durch eigenes Recht
„und Antheil, an demjenigen, was die
„Bauren ohne des Hofes Unkosten fangen,
„erhalten, kommen solchergestalt in Konsi-
„deration, daß die Einkünfte von 3 a 4 oder
„mehrere Jahre untersuchet, und denn nach
„der Taxa ausgerechnet werden. Alle an-
„dere Fischereyen, die ein oder anderer Ar-
„rendator, mit seinen Unkosten; nehm-
„lich mit eigenen Nezzen, und den Arbei-
„tern, die ihm zum Akkerbau angeschlagen
„worden, oder mit seinen Dienstboten will
„und kann bestellen, können Niemanden
„angerechnet werden, weil die Einkünfte
„und

„und der Nuzzen davon, ziemlich unsicher,
„und oft gegen die Unkosten nicht zu rech=
„nen sind.„ Alles dieses corroboriren die
schwedischen Revisions = Akten von
Ao. 1688.

11) Wie der Wald zum Bau und
Brand beschaffen, und ob daraus auſ=
ſer des Hofes Nothdurft, etwas, und
wie viel, verkauft und zu Gelde ge=
macht wird, imgleichen ob Eichen oder
anderes nüzliches Holz vorhanden iſt.

Die Revisions = Verordnung von
1688 §. 44 hat davon folgendes: „Brenn=
„und Bauholz nebſt Eichenwald wird eben=
„falls inquiriret, und was davon bishero
„verführet und verkauft worden, wie auch
„ob des Waldes Vorrath es zugiebet, daß
„damit noch ferner continuiret wird,„ wo=
„nach man denn einen Verſchlag machet,
„wie weit es in der Zukunft dienlich und prak=
„tikabel iſt, denen Arrendatoren die Frey=
„heit zu geben, daß ſie ſich von dem Walde
„zum Verkauf bedienen können, und wie
„weit man ſolches in der Krons=Arrende
„anſchlagen kann, wobey zugleich der Ha=
„zard und Unkoſten, den man bey dem
„Trans=

"Transport dieser Waaren unterworfen ist,
"consideriret werden muß."

12) Ob Ziegelbrand
13) Ob Kalkbrand } vorhanden und

14) Ob Asche gebrandt wird, und was solches alles importiret.

Die Revisions = Verordnung von Ao. 1688 §. 48 enthält davon: "Es wird "inquiriret, ob Ziegel= Kalk= oder Aschbrand "exercirt, und wie es getrieben wird, ent= "weder durch die ordinairen Arbeiter, oder "anders; imgleichen was für Abgang und "Nuzzen dabey ist, den man zur Arrende= "Summa mit Sicherheit berechnen kann."

15) Ob noch sonst einige Apperti= nenzien vorhanden, woraus Revenüen gemacht werden können. Im königl. Briefe vom 5 Juny 1690 §. 5 ist enthal= ten: "Weil es uns in dem 6. Punkt der "Arrende= Kontrakten vorbehalten ist, daß "in dem Fall, wenn es künftig, und bey "der Revision befunden würde, daß bey "Vergebung der Arrende, in Ermangelung "zuverläßiger Nachrichten, von allen zu "dem Guthe gehörigen Höfen und Bauren,

Liefl. Gesch.   P   "nebst

„nebst Renten, einige Revenüen, oder sonst
„etwas anders, was dem Arrendatori zur
„Abgabe berechnet werden könne, ausge-
„lassen seyn sollte, solches alles von dem
„Arrendator, nach der befundenen Impor-
„tance, wieder gut gethan und bezahlet wer-
„den soll. Und falls es sich auch also be-
„finden sollte, daß ein oder anderer Arren-
„dator, nach der gehaltenen Revision, auf-
„ser denen, die ihm angeschlagen sind, un-
„terschiedene Einkünfte genossen, welche er
„zufolge obgemeldetem Punkte auszahlen
„muß, so hat man mit solchen Arrendato-
„ren darüber liquidiren zu lassen,„ und in
dem königl. Briefe vom 13. April 1698.
„Im Fall aber, daß bey der, über ein
„oder anderes Guth gehaltenen Inquisition,
„einige von dessen Appertinenzien und Ge-
„legenheiten, die bey der Taxation, in ge-
„hörige Konsideration kommen sollen, vor-
„bey gegangen seyn sollten: so behalten
„wir uns vor, daß solches denen Umstän-
„den nach, zu der Arrende, allezeit zuge-
„rechnet werden kann.„ Hiemit ist auch
des Kammer-Kollegii Brief vom 4 May
1698 gleichen Inhalts.

16) Wie

16) Wie viel dem Prediger, Küster, Schulmeister, von Hofe jährlich gegeben wird; imgleichen ob der Hof mit den befindlichen Arbeitern den Akkerbau und die übrige Wirthschaft bestellen kann; und ob auf Hofs-Umkosten Talkus gemacht, auch Knechte und Anspann unterhalten wird, und wie viel solches importiret.

In der Revisions-Verordnung vom 30 Jan. 1688 §. 49 ist deshalben verschrieben: „Es wird untersucht, was für noth„wendige Ausgaben auf die Kronshöfe haf„ten, als des Pastoris, Küsters, Schul„meisters Gerechtigkeit; imgleichen ob we„gen Defekt und Mangel der Arbeiter, „Talkus gemacht wird, und was solches „importiret: ob im Hofe eigene Knechte „und Anspann zum Akkerbau unterhalten „werden, und was solches austräget. Des „Amtmanns Lohn und Deputat kann her„nach bey Determination der Arrende-Sum„ma zu ein Gewisses ausgesezt werden.„

B. Von der Inquisition der Bauerschaft.

Nach der schwedischen Methode muß

ein jedes Bauergesinde und Land, nebst dessen Namen und Haakenzahl, erforschet und annotiret, auch ein jeder Bauerwirth vor sich, wegen seiner Umstände und Auflagen eidlich befraget und inquiriret werden, und zwar:

1) Ob er ein Erbbaur und woher er sey? wie lange er auf solchem Lande wohnet, und wie sein Gesinde heisse? (Man sehe hernach Lit. b. c. l.)

2) Wie groß seine Haakenzahl? d. l.

3) Zu welchem Kirchspiele, Dorf und Wack er gehörig? l.

4) Wie viele Wirthe zugleich, auf seinem Lande zugleich sizzen: wie Jeder von ihnen heisse, und wie groß eines Jeden Vermögen, sowohl an eigenen Menschen, als auch an Einwohnern und Lostreibern, und an Anspann und Hornvieh sey: wie auch was deren Aussaat jährlich gewesen? f. k. l. m.

5) Wie viel ein jeder an Gerechtigkeit und andern Auflagen jährlich geben muß? e. g. l.

6) Wie sie die Arbeit mit Anspann und zu Fuß verrichten; um welchen Tag

in

in der Woche sie zur Arbeit kommen, und wieder erlassen werden; um welche Zeit im Jahr die Oterneken oder Fußarbeiter anfangen auszugehen, und wieder aufhören, wie sie die Hülfsarbeit leisten, und wie oft sie zu Talkus ausgetrieben werden, auf eigen oder Hofsbrod? c. l.

7) Wie viele Curtneken, Korben und Viehhüter ausser der ordinären Arbeit gegeben werden? l.

8) Wie viel sie vom Hofe Flachs, Hanf oder Wolle, ausser der ordinären Arbeit zu spinnen schuldig sind? l.

9) Wie viel Führen sie zu thun schuldig?

10) Wie viel ein jedes Gesinde an Priester-Gerechtigkeit zu zahlen hat? l.

11) Ob einige wüste Bauerländer im Guthe noch befindlich: wie sie heissen; wie groß ihre Haakenzahl; wie lange sie wüste gelegen, und aus welcher Ursache sie wüste geworden: ob deren Kathen und Felder conserviret worden, daß Niemand sie unerlaubter Weise nuzzet; ob deren Wiesen bemähet und rein gehalten werden, und ob einige Anstalt und Gele-

P 3 gen-

genheit vorhanden, solche zu besezzen. h. n, s. auch die folgende 17 quaest.

12) Ob einige Bauren auf wüste, oder neue Länder gepflanzet worden, wenn, und für wie große Haakenzahl sie Arbeit und Gerechtigkeit präftiren sollen. s. ebenfalls die folgende 17 Quäst. im allegirten §. 5.

13) Ob einige Gesinder und Länder an freye Leute verarrendiret seyn; wie sie heissen, und wie groß von jeglichem die Haakenzahl und Arrende sey? — Ob Kubjassen, Schilter, Krüger, Müller und andere Bediente einige Gesinder und Länder für ihre Dienste frey besizzen; wie sie heissen, und wie groß deren Haakenzahl und Präſtanda seyn. i. p.

Von allen vorhergehenden lautet die Verfügung der Revisions-Instruktion vom 22 May 1630 §. 4 also:

a) „uf folgende Punkte sollen die Bau-„ren an jedem Ort aus einer jeden Wakke „fürgefordert und ordentlich einer nach dem „andern absonders nach Verlesung des Ei-„des bey körperlichem Eide befragt werden „folgendermaßen:

b) „Ob er ein Erbbauer im Guthe oder „woher er sey? c) wie lange er auf diesem „Lan-

"Lande gewohnt d) wie viele Haaken zu sol„chem seinem Lande, altersher gehörig ge„wesen, und wie viel anizo dazu sey, so „er gebrauchet, und ob dieselben alte heer„meisterliche, polnische oder deutsche lief„ländische Haaken seyn? e) Was damals „von solchem Haaken und anizo Gerechtig„keit er gebe, und davon zu Roß und Fuß „wöchentlich seine Arbeit leiste? f) Was „und wie viel er verschienenen Herbst an „Roggen und an izo Sommer-Geträidig „ausgesäet. g) Wie viel er 1628 und „1629 jedes Jahr absonders an Station, „Gerechtigkeit, Geld insonderheit wegen „Arkeley-Pferde an Gelde und andern Per„sehlen ausgegeben. h) Was und wie „viel, und weme er nach der Ordinance, „auf die Burglager ausgegeben; und ob „ihm, und was die Reutere mit Gewalt „abgenommen.

i) „Ob den Bauren wissend, wie viele „wüste Länder nach dem Guthe gelegen, und „wer dieselben besäet hat. k) Ob deutsche „Handwerksleute, wie viele freye Krüge, „Wiesen, Gebäude im Guthe seyn, und „wie viel Lande ein jeder besitzt. l) Ob der „Bauer, und wie viele Loßtreiber der Bauer

„bey

„bey sich habe mit Weib und Kindern,
„wie sie heßen, und was für Lande sie ge-
„brauchen." Imgleichen in der Revisions-Verordnung vom 30 Jan. 1688 §. 6.
m) „Insonderheit werden nachgefragt und
„annotiret alle, zu jedem sowohl adlichem
„als Kronsguthe gehörige Gesinder und je-
„des Gesinde Namen und Haakenzahl: im-
„gleichen zu welchem Kirchspiel, Wack und
„Dorf jedes gehöret; wie viele Wirthe
„darauf sizzen; wie Jeder heisset; wer
„bey der Inquisition gegenwärtig und ab-
„wesend ist; wie viel ein jeder an Geträyde,
„Amtmanns-Külmetten, diversen Perseh-
„len, diverse Geldrenten und Station jähr-
„lich entrichtet; wie sie ihre Arbeit mit
„Anspann und zu Fuß leisten; um welche
„Zeit in der Woche die Arbeiter zu Hofe
„kommen, und wieder erlassen werden;
„um welche Zeit im Jahr die Oterneken
„anfangen und wieder aufhören; was für
„Hülfsarbeiter, wie viele und wie lange
„Zeit ausser den Oterneken jährlich ausge-
„macht worden. Bey den Kronsgütern
„wird ferner nachgefraget: was für Kurt-
„neken oder Hofswachtkerls sie ausgeben;
„ob sie von diesen ausser der ordinären Ar-
„beit

„boll ein gewisses von Hofes Flachs, Hanf,
„oder Wolle, entweder auf dem Hofe oder
„zu Hause gesponnen; imgleichen wie sie
„die Reuter-Verpflegung entrichten, und
„was sie an Priester-Gerechtigkeit geben,
„und wo solches eingetrieben wird, entwe-
„der im Hofe oder vom Pastoren selbst.

§. 13. n) „Bey Krons-Gütern wird
„nachgefraget, der Bauren Habseligkeit und
„Anzahl von eigenen Seelen und Einwoh-
„nern, nebst deren Hornvieh und Pferden,
„wie auch, wie viel Winter- und Sommer-
„saat sie zulezt ausgesäet haben.

§. 9. o) „Alle befindlich wüste Gesinder
„werden gefraget, und annotiret, von was
„für Haakenzahl und Renten sie sind; wie
„lange sie wüste gelegen haben, und aus
„was für Ursachen sie wüste geworden; wie
„sie dermahlen bey den Kronsgüthern an
„Gebäuder und Appertinenzien in acht ge-
„nommen worden, daß nicht Jemand die
„Aekker u. Buschländer abnuzzet und daß die
„Wiesen mittlerweile gemähet und gerei-
„get werden; imgleichen was für Anstalt
„und Gelegenheit solche zu besezzen vorhan-
„den ist.„

P 5 §. 10.

§. 10. — p) „Wegen der neugeſetzten „Bauren wird nachgefraget und annotiret: „um welche Zeit ſie geſezt ſind, entweder „auf wüſtes oder neues Land und abge- „brauchte Röhdungen, imgleichen, wie „bald ſie ſollen anfangen Rente und Arbeit „zu präſtiren und für wie eine große Haa- „kenzahl.

§. 11. vid. bey der 8 Quäſt. von Inquiſition der Höfe.

14) Wie weit ein jeder ſeine obliegende Arbeit und Gerechtigkeit richtig präſtiret; oder Schulden und Reſtantien auf ſich ſammlet, und aus welcher Urſache? In der Reviſions-Verordnung von Ao. 1688 §. 8 iſt darin folgendes verfüget: „Es wird „nachgefragt und annotiret, wie behalten „jeder Bauer iſt, und wie er ſeine Rente, „Schnitt und Arbeit jährlich entrichtet, oder „Reſtantien auf ſich ſammlet; was die Ur- „ſache ſeiner Inſolvabilité iſt; entweder die „Wenigkeit und Diſproportion des Landes „gegen die Rente, oder ſonſt ein zufälliges „Unglük: wo es bey den Kronsgütern ſo „nöthig befunden wird, da verfertigt man „vor die reduciblen Jahre eine ordentliche „Re-

„Restantien-Liste', auf alle rechtmäßige „Bauer-Schulden."

15) Mit was für Maaß und Gewicht die Gerechtigkeits-Persehlen im Hofe empfangen werden. Hievon enthält die Revisions-Verordnung von Ao. 1688 §. 12 nachstehendes: „Es wird „einem Jeden, sowohl Krons- als adeli„chen Gütern, Maaß und Gewicht, wo„mit des Hofes Aussaat und Riehen-Em„pfang geschicht, und auch die Bäuer-Ge„rechtigkeit, entweder gehäuft oder unge„häuft empfangen wird, examiniret, wel„ches man die Bauren in des Amtmanns „und anderer Behörden Gegenwart selbst „anzeigen läßt, wornach denn die difference „gegen den Krons Lof, Külmet, Stof und „Besmer, welche izt mit folgen, annotiret „wird. Bey einer solchen Probe der dif„ference aber soll das Krons-Maaß allezeit „gestrichen genommen werden."

16) Ob der Bauer über den Arrendator eines Krongutes was zu klagen habe? davon lautet die Revisions-Verordnung von Ao. 1688 §. 15 also: „Die Beschwer„den und Klagen, welche zwischen den Krons„Ar-

„Arrendatoren und Bauren exiſtiren koͤn„nen, werden in loco unterſuchet, und der „Billigkeit und dem Oekonomie- Intereſſe „gemaͤß abgeholfen, wobey aber ſich einige „Schwierigkeiten ereignen, das wird zur „ferneren Ueberlegung ausgeſezt.„

17) Ueber alle vorhergehende Punkte, werden die Kubjaſſe, Schulters, Dorf-Kubjaſſe und Rechtfinders ohne Beyſeyn der Bauerſchaft eidlich befraget, ob ſich alles in der Wahrheit, ſo verhalte., wie die Bauren es ausgeſaget haben. Die Reviſions-Inſtruktion vom 22. May 1630 §. 5 enthaͤlt daruͤber dieſe Anweiſung: „auf „vorhergehende 10. puncta ſoll der Kubjas „abſonders, ohne Beyſeyn der Bauren ver„mittelſt vorhergehenden geleiſteten koͤrper„lichen Eide, befraget werden; da aber „der Kubjas in einem oder andern Punkt „unrichtig in ſeiner Außſage ſollte befun„den werden, und der Sachen Wichtigkeit es „erfodern thaͤten; ſollen die Herren Reviſo„ren ſich ſelber in den Bauer-Geſindern „verfuͤgen, ihre Laͤnder, ob ſie wohl in „Eile nicht koͤnnen uͤbermeſſen werden, in „Augenſchein nehmen, dieſelbe ſchaͤzzen, „damit Ihro Koͤnigl. Maj. beydes an

„al-

"jaken, und neuen Haaken, besezt und un-
"besezt, gute Nachricht solcher Haaken und
"der Tax haben möge, dießfalls ihnen ein
"Landmesser zugeordnet werden soll." u. §. 10.

"Die Revisoren sollen sich fleißig er-
"kundigen, wie viele Bauren und Haaken
"Landes nach einem jeden Hause und Hofe
"gehören; wie viel Arrende-Geld ein jeder
"Arrendator von seinem Arrendeguth jährlich
"dem Erbherrn ausgiebet, und auch ob ein
"jedes solches Guth, ein mehreres, denn
"der Arrende-Schilling sich erstrekket, jähr-
"lich dem Arrendatori kann eintragen."

C. Von der specialen Messung, Schäzzung und Eintheilung der publiquen
Bauergesinder und Länder.

1) Alle publique Gesindes Länder haben nach der schwedischen Oekonomie-Verfassung, specialiter aufgemessen, beschrieben
und zur Charte gebracht werden sollen. In
der Revisions-Instruktion vom 7. Febr.
1687 §. 1 ist davon verfüget: "Da die
"Revision und Schäzzung, welche anizo
"angestellet werden soll, allgemein wird,
"und sowohl über Krons- als Privatgüter
"ergehen soll, so muß auch selbige auf ei-
"ner

"nerley Fundament eingerichtet werden,
"nehmlich auf derer Bauer-Gesinder qua-
"lité an Ländereyen und Gelegenheiten, so
"daß die Haaken und consequenter die von
"selbigen abhangende onera und Beschwer-
"den darnach proportioniret werden. Diese
"qualité aber genau und pertinent auszu-
"finden, so haben die Kommissarien zwar,
"sich sowohl von der Apertage und Messen
"des Landes, die nur neulich über das
"ganze Land von gewissen Landmessern ver-
"richtet worden, in denen Stükken, woselb-
"bige korrekt befunden wird, als auch von
"den vorigen Revisions-Kommissionen,
"Instruktiones und Arbeit, insonderheit
"derer, die Ao. 1638 das Land gemessen, so
"ferne sie solches zu der gegenwärtigen Zeit
"applicable finden, wie auch des königl.
"Kammer-Kollegii in dieser Sache gege-
"benen Resolution zu bedienen."

Und ein königl. Brief an das Kam=
mer=Kollegium dd. 24. Jun. 1693. "Es
"wird vor höchst nöthig befunden, daß die
"Bauerländer eben so, wie die Hoflagen
"specialiter aufgemessen werden, wornach
"denn die speziale Eintheilung fortgesezzet,
"und die Schäzzung auf jeden Haaken,
"nach

„nach dessen Ländereyen und Gelegenheiten „proportioniret werden kann." S. weiter Kammer-Kollegii Brief vom 12. July 1693.

2) Eine Tonnstelle sowohl von Aker- als Buschland wird zu 14000 Quadrat-Ellen berechnet. Im königl. Briefe vom 10 März 1690 ist deshalben enthalten: „Nach genauer Erwägung ist für billig und „Recht befunden, folgenden Schluß zu „fassen:

1) „daß eine Tonnstelle Aussaat bey denen „Hoflagen in Liefland, so wie in Ehstland „und hier im Reich zu 14000 quadrat „Ellen berechnet werden soll, weil das „meiste Land bey denen Hoflagen, von „den schlechten Graden bestehet, worin „mehr gesäet werden muß, daß also „wenn gleich bemeldete Anzahl der Qua„drat-Ellen zu einer Tonne Aussaat im „besten Grade, nicht zureichlich seyn „möchte, dennoch eins das andere er„sezzen wird;

2) „Soll die Taxation der Tonnen-Stellen „im besten Grad $2\frac{1}{2}$ Rthlr. und in denen „andern dagegen proportionirlich seyn, „weil

„weil weder zu vermuthen steht, daß
„die Ausrechnungen, durch diese Taxa-
„tion so groß heraus kommen, daß die
„Arrendatores ohne Abschreibung dabey
„nicht bestehen können, noch auch einige
„Raison zu finden, in diesem Fall zu der
„gelindern Taxation und Ausrechnung
„zu gehen;

3) „Werden eben so viel Ellen auf eine
„Tonnstelle von denen Busch-Ländern,
„als oben von dem übrigen Lande er-
„wähnet worden, bestanden." S. Königl. Brief an das Kammer-Kollegium dd. 29. Juny 1693 und Kammer-Kollegii-Brief dd. 12. July
1693 welches alles überdem aus denen
schwedischen spezial Eintheilungs-Char-
ten von 1695 und 1696 in totum bestärket werden kann.

II. Alles Land sowohl Akker- als
  Buschland, wird nach denen
  vorgeschriebenen Kennzeichen, und
  auch nach Befinden der Umstände,
  unter 4 Grade gebracht.

Die Revisions-Instruktion vom
7 Febr. 1687. §. 2 enthält folgende Anweisung:

fung: "Weil das Land und fruchtbare "Gelegenheiten an qualité und bonité un="gleich sind, daß sie daher unterschiedlich "taxirt werden müssen, wie es denn auch "befunden wird, im Lande eine alte Praxis "gewesen zu seyn, das Land sowohl an Ak="ker als Röhdungs oder Buschland in "4 Grade zu redigiren;„ und in der Revi= sions=Verordnung vom 30. Jan. 1688 §. 19. "Bey der Schäzzung, welche nach "der vorhergehenden 16 und 18 Punkten an="gestellet wird, soll vornehmlich das Fun="dament welches Sr. Königl. Maj. aller="gnädigste Instruktion im 2. Punkt wegen "Schäzzung der 4 Graden von der Länder "qualité und Fruchtbarkeit giebet, observ="ret werden.„ Weiter §. 23: "Wenn "man die obgemeldete 4 Graden der Erdar="ten und Fruchtbarkeit recht unterscheiden "und beurtheilen soll, so läßt sich solches "nicht allezeit, nach dem äusserlichem An="sehen allein thun, sondern man hat meh="rentheils dabey nöthig, sich dessen genau "zu erkundigen, was für Proben der Frucht="barkeit jedes Land bisher gegeben, inson="derheit wie weit es die Hizze und Kälte, "Dürre und Nässe zu vertragen, oder leicht=

Liefl. Gesch.   Q   "lich

„lich von einem derselben Schaden zu neh-
„men pflegt; imgleichen wie lange oder
„kurze Zeit das Land ohne Düngung beste-
„hen, und nach ordinärer Abtheilung in
„3 Lotten jährlich Korn tragen kann; wie
„auch welchergestalt die Felder unter Bemi-
„stung gehalten, oder im Mangel davon
„herunter gekommen und abgebraucht sind,
„wornach man dann mit Beyhülfe erfahrner
„Landwirthe, den gradum qualitatis ex
„aequo et bono dijudiciren muß.„ Imgleichen §. 24: „Daneben hat man auch
„auf die folgende Eigenschaften acht zu ge-
„ben, und sich selbige als einer ohngefeh-
„ren Nachricht zu bedienen: nehmlich zum
„1sten Grad rechnet man das Land von
„guter schwarzer Erde, welches auch mit
„kleinen Kieselsteinen vermischt seyn kann,
„wozu dennoch ein guter Grund von Lei-
„men oder Fliesen erfordert, wenn nur lez-
„terer entweder eine temperirte natürliche
„Feuchtigkeit an sich hat, oder mit so viel
„mehr Erde bedekt ist, daß es die Hizze
„vertragen kann; zum 2ten Grad rechnet
„man eine graue oder braune Erde, welche
„ebenfalls einen leimigten oder fliesigten
„Grund haben muß; zum 3ten Grad
„rech-

„rechnet man eine graue mit Sand ver-
„mischte Erde, und einen steinigten Akker,
„welcher einen einigermaaßen guten Grund
„hat; und zum 4ten Grad wird ein lei-
„migtes und sandiges Land gerechnet, wel-
„ches mit weniger oder gar keiner Erde ver-
„mischt ist. Der braune Leim ist der beste,
„der rothe der mittelste, und der weisse
„der schlechteste." Eben so §. 25: „Sollte
„aber die Experience dennoch von ein oder
„ander vorkommenden Lande an die Hand
„geben, daß dessen Erde, Sand oder Lei-
„men, mit der vorhergehenden Beschrei-
„bung zwar übereinkommt, dabey aber doch
„die Art und Beschaffenheit, daß es eben
„nicht mit dem Grad worunter der vorher-
„gemeldete 24. Punkt es sezzet, quadriret;
„ingleichen wenn auch einiges Land vor-
„kommen sollte, welches unter keine, von
„nächst vor angeführte Beschreibungen ei-
„gentlich sortiret; wie auch wenn ein noch
„schlechteres Land, als das alterum tan-
„tum nach der Quantité gegen die Bonité
„des 1sten Grades nicht quadrirte, gefun-
„den würde: so muß man solches, nach
„Maaßgebung der Umstände mit Beyhülfe
„erfahrner Landwirthe ex aequo et bono un-

Q 2 „ter

„ter den gehörigen und richtigen Grad se-
„zen und rechnen."

III. Alle Bauer-Gesinder haben nach der Quantite, Qualite, und Importance der Ländereyen und Appertinenzien, geschäzzet und taxiret werden sollen.

In der Revisions-Instruktion vom 7 Febr. 1687 §. 2 ist verfüget: „Weil das „Land und fruchtbare Gelegenheiten an „Qualite und Bonite ungleich seyn, daß „sie daher unterschiedlich taxirt werden müs-„sen, wie es dann auch erfunden wird, im „Lande eine alte Praxis gewesen zu seyn, „das Land sowohl als Akker, Röhdungs „und Buschland in 4 Grade zu redigiren, „und das eine Tonne Akkerland im 1sten „und besten Grad vor eine Tonne Korn „ist taxiret worden, so daß dieser beste „Grad über des Landmannes Unterhalt „1 Tonne der andere $\frac{2}{3}$ Tonne, der dritte „$\frac{a}{3}$ Tonne und der vierte $\frac{1}{2}$ Tonne an Zinse „tragen kann. Das Buschland ist zu ei-„nem halben oder dritten Theil am Werth „gegen das Akkerland gerechnet: so daß „2 oder 3 Tonnen Buschland vor eine Tonne
„Ak-

"Akkerland gerechnet werden; so haben "zwar die Kommissarien dasselbige sich zum "Fundament zu nehmen, doch aber nur so "ferne, daß sie keine andere Vortheile und "Appertinenzien bey den Gesindern finden, "die eine höhere Proportion in der Schäz= "zung verursachen können. §. 3 So müs= "sen auch die übrigen Appertinenzien und "Herrlichkeiten, als Wald, Fischerey, "Mühlen, Krüge u. s. w. auf eine billige "Weise in Konsideration und Anschlag kom= "men, weil sie auch etwas zu denen Abga= "ben contribuiren können." it. Königl. Brief an das Kammer= Kollegium dd. 29. Juny 1693 Kammer=Kollegii Brief dd. 12 July 1693 und vom 16 April 1694.

Anmerkung.

Die in der Revisions=Instruktion §. 2 vorgeschriebene Taxa, auf eine Tonne Lan= des, so wie selbige auch nur conditionali= ter angegeben ist, hat bey der vorhabenden speziellen Eintheilung und Schäzzung so= wohl 1687 als auch 1691 nicht eigentlich können gebraucht werden. Man entwarf zwar neuere Instruktions, aber keines wur= de genehmiget. Denn in dem Kammer=
kol=

Kollegii Brief vom 16 Apr. 1694 ist davon nach-
folgendes enthalten: "Es ist zwar Ao. 1691
„an das Kollegium ein Projekt eingekommen,
„welches zu Fortsezzung des Spezial-Ein-
„theilungs- oder eigentlich gesagt Schäz-
„zungs-Werks einige nähere Anleitung
„giebt; weil es aber weder von Jemanden
„unterschrieben, noch von dem Orte her,
„nebst einen Brief eingesandt ist, so kömmt
„solches bey uns in keine Consideration.
„Insonderheit da das Kollegium vieles fin-
„det was darin geändert werden muß, als
„insonderheit wenn man zu dem 5ten und
„6ten Punkt gehet, worin es nicht ange-
„zeigt wird, wie hoch eine Tonne Landes
„nach benen Gräden geschäzt und taxiret
„werden soll, sondern davor ist ein spatium
„gelassen, da doch dieser Punkt der wesent-
„lichste ist."

IV. Die Bauer-Gesinder-Länder
haben nach der schwedischen Oekonomie-Verfassung für jeden
Wirth in eigene Gränzen und
Lotten eingetheilet und auf eine
proportionirliche Haakenzahl gesezt werden sollen.

Die

Die Revisions-Instruktion vom
7 Febr. 1687 §. 7 sagt folgendes: "alle
"Bauer-Gesinder unter den publiquen Gü-
"tern, muß man sich bemühen zu einer re-
"gulairen und bequemern Haakenzahl zu sez-
"zen nehmlich zu Ganzen, $\frac{1}{2}$, $\frac{1}{4}$, $\frac{1}{8}$, im-
"gleichen $\frac{3}{4}$, $\frac{5}{8}$ und $\frac{3}{8}$ Haaken und wenn es
"möglich ist nichts unter $\frac{1}{8}$ anzusetzen.
"Wenn aber, wo solche kleine einzelne Ge-
"sinder vorhanden seyn, die weder $\frac{1}{8}$ aus-
"machen, noch wegen der Entlegenheit zu
"einem andern Gesinde, dessen Haakenzahl
"zu vergrößern, verlegt werden können; so
"können selbige ohne Haakenzahl gelassen,
"und zu Gränzwächter, oder andern klei-
"nen Diensten beym Hofe, nebst einer ge-
"wissen jährlichen Abgabe, die im Wak-
"kenbuche besonders zu notiren ist, gebracht
"werden. Und §. 8. "Die Kommissarien
"sollen auch genau consideriren unter wel-
"cher Haakenzahl im Dorfe jedes Gesinde,
"am bequemsten verlegt werden, und jedem
"Gesinde soviel an Akker, Wiesen, Wald
"und andern fruchtbaren Gelegenheiten zu-
"kommen und zumessen lassen, als nicht
"nur zur Haakenzahl, sondern auch zum
"Unterhalt der Bauerfamilie, welche das

„Land bearbeiten, und den Zinß daraus
„verschaffen muß, erfordert wird: welches
„jedoch also einzurichten ist, daß die Bau-
„ren keine gar zu weit entlegene Wildnisse
„und Streuländer bekommen." s. Revisions-Verordnung dd. 30. Jan. 1688
§. 16, 18 Kammer-Kollegii-Brief
dd. 20 März 1693 Königl. Brief an das
Kammer-Kollegium vom 29. Juny 1693
Kammer-Kollegii-Brief dd. 12 July
1693 und 16 April 1694.

Auch diese Eintheilung und Schäzzung
konnte nicht ganz zu Stande gebracht
werden.

VI. Bey denen adelich privaten Güthern werden die Bauergesinder
und Länder nach obbesagter schwedischen Methode nicht specialiter
geschäzt, und eingetheilt, sondern
nur nach allen denen ordinären und
extraordinären praestandis und
oneribus publicis, sie mögen Nahmen haben wie sie wollen, die der
Erbherr und Possessor ihnen aufleget, im Revisions-Wakkenbuch angeschlagen, und zur Revisions-Haakenzahl berechnet.

Denn

Denn die Revisions-Instruktion vom 7 Febr. 1687 §. 9 hat darin folgendes verfüget: „Bey denen adelich privaten „Gütern ist es nicht von nöthen, daß man „sich bemühe Bescheid und Nachricht davon „zu erhalten, wie viel ein jedes Gesinde dar„unter in specie importiret, weil der Pos„sessor vom Guthe, vor alle Krons-Ge„rechtsame, die von dem ganzen Guthe, „nach dessen zum voraus revidirter, und „auferlegter Haakensumma, ausgehen sol„len, responsable bleibt: und solcherge„stalt scheint es am rathsamsten zu seyn, „daß man es auf jedes Possessoris eigener „Vorsorge und Bestellung ankommen läßt; „dergestalt, daß er, der das größte Inter„esse, darunter hat, wenn solches richtig „zugehet, und die beste Kundschaft von sei„nen Bauren besizzet, auch selber darüber „bestellen, und das Land samt denen Ab„gaben, unter seinen Bauren also verthei„len mag, wie er es am rathsamsten, oder „vor sich am nüzlichsten zu seyn befindet."

Das schwedische Revisions-Werk bestätigt auch diese Anweisung in totum.

D. Von

D. Von dem Anschlage der Bauer-
Gesinder und Länder in dem Revi-
sions-Wakkenbuche.

Weil die spezial Schäzzung und Eintheilung über die publiquen Güther bey der
schwedischen Revision nicht ist zu stande gekommen, und bey denen privat Güthern
nicht angenommen worden; so hat man
bey dem Anschlage der Bauer-Gesinder
nur folgende Methode gebraucht:

1) Alle Arbeit und Gerechtigkeit der
Bauren, nebst der Station und Reuter-
Verpflegung, und allen andern Auflagen,
die man bey der eben beschriebenen Inquisition ausgefunden, ist in den so genannten
spezial Wakkenbüchern namentlich aufgenommen. Die Revisions-Verordnung
dd. 30 Jan. 1688 §. 14 hat darüber verfüget „über die voretwähnten Gesinder-Ren-
„ten, und der Baur-Beschaffenheit, wer-
„den deutliche Wakkenbücher und Beschrei-
„bungen, nebst Baur-Inventarien, nach
„der Weise und Formular von Wakkenbuch
„und Inventario als sub litt. A und B hie-
„neben folgen angefertigt.„

Hie-

Hiebey ist es auch unter der schwedischen Regierung mit denen damaligen privaten Gütern geblieben.

2) Bey denen publiquen Gütern, ist alle Arbeit und Gerechtigkeit der Krons-Bauren, von neuem reguliret, und die verschiedenen Titeln von Korn und Geld Gerechtigkeit, nach rigischem Gelde, Maaß und Gewicht unter einfache Titeln reduciret, auch sind übrigens, so viel es sich bey einer solchen interims Verrichtung thun lassen, die praestanda der Bauerschaft, mit ihren Ländern proportioniret, welche denn in den sogenannten neuen Wakkenbüchern ordentlich angeschlagen worden. Die Revisions-Verordnung vom 30. Jan. 1688 §. 28 enthält darüber folgende Vorschrift: „Zu desto besserer Richtigkeit bey dem Em-
„pfang der Reuten von denen Bauren, soll „bey allen Kronsgütern, wo es bishero nicht „geschehen ist, zufolge Sr. Königl. Maj. „allergnädigsten Resolution, einerley Maaß „und Gewicht introduciret werden, nehmlich „ein rechter rigischer Loof und darnach pro„portionirter Külmet, und ein rechter ri„gischer Besmer oder Gewicht, womit „alle Renten, die unter Maaß und Ge„wicht

„wicht gehören, empfangen werden sollen.
„Imgleichen so muß der Haufen, den man
„auf Lof und Tonnen zu nehmen pflegt, ab-
„geschaft werden, daß also alle Korn-Ge-
„rechtigkeit, nach diesem mit gestrichenem
„Lof empfangen werde.„ Und §. 29: „Bey
„dieser Einrichtung von rigischem Maaß
„und Gewicht, macht man nach Inhalt
„des vorhergehenden 12ten Punkts, zuvör-
„derst einen Ueberschlag, was das bishero
„mit rechtem, und aus alter Gewohnheit
„gebrauchtem Maaß, importiret; es sey
„ordinäre Gerechtigkeit, Amtmanns-Kül-
„metten, Station, Reuter-Verpflegung,
„oder was für einen Titel und Nahmen,
„die Kornrente immer haben mag; welches
„alles, jede Kornsorte vor sich, in eine
„Masse zusammen geschlagen, und dann zu
„einem gewissen Quanto, in rigischen ge-
„strichenen Löffen, reduciret und berechnet
„wird.„ Weiter §. 31: „Gleichwie aller-
„ley Roggen- Gersten- und Haber-Gerech-
„tigkeit zu ein gewisses, an rigischen Löfen
„reduciret wird; so ist auch zu desto besse-
„rer Richtigkeit beym Empfang der Geld-
„rente, auf Kronsgütern erforderlich, daß
„alles, was die Bauren unter verschiede-
„nen

„nen Titeln, als Wakken-Stations- und
„Reuter-Verpflegungsgeld u. s. w. bezah„len, in eine gewisse Summa au Rthlr.
„zusammen geschlagen wird. Zu Erlegung
„dieser Summa aber, müssen gewisse Ter„minen im Jahr gesezt werden, auf daß
„die Arrendatores, insonderheit zu Bezah„lung der Reuter-Verpflegung, zu rechter
„Zeit das erforderliche bey der Hand ha„ben mögen." Und §. 33. „Wenn denn
„nach Inhalt der vorhergehenden Punkten,
„alles in Richtigkeit gebracht ist, was ein
„Jeder Kronsbauer künftighin an Rente,
„Arbeit und allen übrigen Auflagen prästi„ren soll; so wird darüber vor jedes Krons„guth ein neues Wakkenbuch mit deutlichen
„Annotationen, nebst dem Arbeits- und
„Fuhren-Reglement, und einer gehörigen
„Abkürzungsliste, nach der Art und For„mular als hienebst sub. Litt. D. E und F
„beygefüget sind, formirt; von welchem
„Wakkenbuch und Reglement nicht allein
„dem Arrendatori zur Nachricht sogleich in
„loco ein Exemplar an und zugefertigt, son„dern auch jeden Bauren, deren Inhalt
„mit der Warnung, daß er sich darnach
„richten soll, kund gemacht wird."

3) Die

3) Die wüsten Bauerländer sind bey der schwedischen Revision, in dem Revisions-Wakkenbuch, mit ihren vollen praestandis aufgenommen, und in der Abkürzungsliste wieder abgeschrieben. Revisions-Verordnung dd. 30. Jan. 1688 §. 9. ferner schwedisches Wakkenbuch.

4) Die auf Freyjahre aufgenommenen wüsten Länder der Bauren, sind in dem Revisions-Wakkenbuch, gleichfalls mit ihren vollen praestandis aufgenommen worden, dahingegen in der Abkürzungsliste, für so viel Jahre, als die Freyheit gedauret, abgeschrieben. Revisions-Verordnung dd. 30. Jan. 1688. §. 10. welches oben bey der 12 Quaest. allegirt worden und schwedisches Wakkenbuch.

Anmerkung.

Wenn die Bauren auf Freyjahre einige Länder aufgenommen haben, so wird nach der schwedischen Methode, beym Anschlage derselben im Wakkenbuch kein Unterschied gemacht, ob die Bauren auf vormahlige wüste Bauerländer, oder auf ganz neue von Busch- und Röhdungsland exkolirte Länder gesezzet sind; sondern sie werden

im

im Wakkenbuch auf so große Praestanda gesezt, als der Possessor nach Verlauf der Freyjahre von ihnen erhalten kann, und dieses alles ohne Unterschied, sie mögen publique oder privat Bauren seyn. Revisions-Verordnung von 1688 und die Verordnung wegen der Wälder vom 20. Aug. 1664 §. II. enthält nachstehende Verfügung: „Auf seinen eigenen Lände„reyen, kann der Eigenthümer des Grun„des die Macht und das Recht haben, zum „Hausbehuf und Verkauf Holz zu fällen, „auch andern solches zu hauen und zu benuz„zen erlauben, nachdem ein Jeder hiezu „das Recht hat und berechtigt ist: imglei„chen Akker und Wiesen zu röhden, Baur„gesinder und Gelegenheiten zu pflanzen, „wenn es die Gelegenheit so mit sich brin„get dergestalt wie folget. Ein Edelmann „sowohl, als auch der, der von uns und „der Krone Lehn erhalten hat, wenn er ei„gene und von den gemeinschaftlichen Wal„dungen, wie auch von andern anliegen„den, und nächsten Nachbaren, mit Mark„steinen und rechtlichen Gränzen abgeson„derte Ländereyen hat, soll die Macht und „das Recht haben, seinen Wald, nach „sei-

„seiner Gelegenheit und Willen zu benuzzen;
„Balken, Bau- und Sägeholz, Sparren,
„Brennholz u. d. m. zu hauen und solches
„zu seinem Nuzzen, durch Verkaufen und
„auch anders, ohne Jemandes Einspruch
„zu gebrauchen. Imgleichen wo Gelegen-
„heit ist neue Gesinder und Torppen zu sei-
„nem Behuf zu bauen: nur daß selbige
„wenn sie mit Schäzzung belegt werden,
„zugleich mit seinen andern Gütern, unter
„den Roßdienst gesezt, und davon die Auf-
„lagen, so von den übrigen adelichen Ge-
„sindern gewöhnlich sind, prästiret werden.
„Ein gleiches Recht soll auch der Skotte
„oder Erbbesessene Baur, auf seinen eige-
„nen Skotte-Ländereyen haben, die Höl-
„zung nach seiner Nothdurft und Gelegen-
„heit zu nuzzen, brauchen, verführen, und
„zu verkaufen, wie er denn auch, wenn die
„Ländereyen so weitläuftig sind, Aekker,
„Wiesen und Viehweide anzuröhden, im-
„gleichen Torppen zu bauen, und auf alle
„Weise sein Gesindesland zu verbessern, be-
„rechtigt seyn soll, jedoch mit dem Vorbe-
„halt, daß wenn das Gesinde melioriret
„und neue Torppen angebauet werden, sel-
„biges Gesinde alsdenn, nebst den Torp-
„pen

"pen von dem Landshauptmann, Hårads-
"höfdinge, Nembden und deputirten Land-
"meſſern, aufgemeſſen, von neuem taxiret,
"und in dem Krons-Jördebuch, ohne des
"Skotte-Bauern Präjudice in ſeinem Ei-
"genthum und Grund-Gerechtigkeit zur
"Vermehrung annotirt werden ſoll, und
"dieſes Recht ſoll der Skottebaur, er mag
"ſich noch immediate unter uns und der
"Krone befinden, oder auch Jemanden vom
"Adel verlehnet ſeyn, allezeit genießen."
Die Reviſionsakten ſowohl von der
ſchwediſchen Reviſion 1688 als auch der
ruſſiſchen 1725 beſtärken dieſes in totum.

5) In der Abkürzungsliſte ſind bey der
ſchwediſchen Reviſion alle diejenigen Länder
aufgenommen, welche in dem Wakkenbuche
mit ihren völligen Praeſtandis zwar notirt
worden, dennoch aber wegen der Wüſte-
nen Freyjahre, oder Kubjas- Schilters-
Krügers- und Müllersdienſte oder anderer
Urſache, nicht zur Haakenzahl oder Arrende-
Berechnung aufgenommen werden können.
ſ. ſchwediſches Wakkenbuch und Abkürzungsliſte.

6) In dem Wakkenbuchs-Reglement
wird feſtgeſezt:

Lieſt. Geſch.   R   (1 wel-

1) welchergestalt die Korn-Gerechtigkeit mit einem justirten rigischem Lofe gestrichen empfangen, und dagegen eine Kappe, deren 24 ein Lof ausmachen, zum Spillkorn bestanden werden soll;

2) Wie die Gewichts-Waaren mit einem justirten rigischen Besmer ohne Uebergewicht zu empfangen;

3) Was gestalt die Bauren die Geld-Gerechtigkeit in 4 Terminen und zwar um der Lichtmeß, Johannis, Michaelis und Weihnachten zu bezahlen haben;

4) Welchergestalt die Arbeit nach dem Wakkenbuche geleistet; um welchen Tag in der Woche die Arbeiter zur Arbeit kommen, und wieder erlassen; imgleichen daß keine Arbeiter zum privat-Nuzzen verheuert und verwendet, noch auf Leide-Geld gesezt werden sollen. Die Vorschriften über diese Punkte stehen, in der Revisions-Verordnung vom 30. Jan. 1688 §. 28, 30, 31, Statthalter-Instruktion vom 21. Aug. 1691 §. 8, 22 und Oekonomie-Reglement vom 21. März 1696 Art. 3. §. 6, 7;

5) Um

5) Um welche Zeit im Jahr die Oternekenn oder Fußarbeiter anfangen und wieder aufhören, und an welche Tage in der Woche sie wieder zur Arbeit kommen, und wieder zu erlassen sind;

6) Wie viele Korden und Curtneken die Bauren in Winterzeit ausser der ordinären Arbeit geben, und wie selbige zu Sommerszeit, von den ordinären Oterneken genommen werden sollen. s. die Revisions-Verordnung vom 30. Jan. 1688 §. 38, 40;

7) Welchergestalt sie die Hofs-Revenüen verführen; wie viel Fuhren jeder Baur nach seiner Haakenzahl geben; und was maaßen auf eine Fuhre nicht mehr denn 8 Lof Roggen oder Gerste, 9 Lof Malz oder 10. Lof Haber, geleget; die Fuhren aber weder mit fremden, oder Retour-Waaren beladen, noch an andere verheuert werden sollen. s. Oekonomie-Reglement vom 21. März 1696 Art. 3. §. 9;

8) Was die Bauren ausser der ordinären Arbeit von Hofes Flachs, Hanf oder Wolle jährlich spinnen sollen;

9) Wie

9) Wie die Bauren auffer der ordinären Arbeit zur Heu- und Aerndtezeit, und mit wie viel Personen von jedem Haaken, auf Hofsbrodt zum Talkus, wenn die im Wakkenbuche ordinirte Hülfsarbeitstage zur Bestreitung dieser Arbeit nicht hinreichen, auszukommen haben, und wasmaßen solche Talkussen nicht über 3 Tage nach einander zu halten sind. s. Oekonomie-Reglement Art. 3. §. 4;

10) Welchergestalt die Kahten, Felder, Röhdungs-Länder, Wiesen und andere Appertinenzien, derer unter den Gütern befindlichen wüsten Gesinder, auf alle Weise geheget, und vor unerlaubter Benuzzung bewahret, die Wiesen jährlich gemähet und von anwachsendem Strauche gereiniget, solche wüste Länder aber bestmöglichst besezzet werden sollen. Statthalter-Instruktion §. 16. Oekonomie-Reglement Art. 3. §. 11, 12.

11) Wie die zum Guthe gehörigen Wälder bestermaaßen erhalten, und nicht durch unzuläßigen Gebrauch verwüstet, auch jährlich nicht mehr Röhdung als bestim-

ſtimmet worden, und nach der Hand wieder aufwachſen kann, geſchlagen, inmittelſt aber bey dem Röhpung=Brennen, Feuerſchaden verhütet, und kein Eichenholz bey Strafe gefällt werden ſoll. ſ. Statthalter=Inſtrukt. §. 8, 23 Oekonomie=Reglement Art. 2 §. 5, 6, 7, 10.

12) Wasmaßen der Arrendator alles, was die Bauren auf ihre Gerechtigkeit und Vorſtrekkung abgetragen haben, in einem, ihm zu ſolchem Ende, zur eigenen Verwahrung gegebenen Büchlein gehörig, und mit richtigen datis zu notiren hat. ſ. Statth. Inſtrukt. §. 35 Oekonomie=Reglement Art. 3 §. 2;

13) Imgleichen daß im Fall die Bauren ein und andere Gerechtigkeits=Perſehlen in natura, als es ſey Schaaf, Flachs u. ſ. w. nicht zu geben haben, davor nichts mehr in Gelde gefodert werden ſoll, als ſie nach der Kronstara in der Arrende angeſchlagen worden;

14) Wie viel Prieſter= und Schulmeiſters= oder Küſters=Gerechtigkeit von jeglichem Geſinde eingenommen werden ſoll. ſ. Oekonomie=Reglement Art. 1 §. 7;

R 3   15) Wel-

15) Welchergestalt die Station und Reuter-Verpflegung, welche in der Arrende-Ausrechnungs-Abkürzung, mit angeführet zu werden methodisch ist, von den Arrendatoren, nach der neusten Haakenzahl zu entrichten sey. s. schwedisches Wakkenbuch und Regl.

E. Von dem Werth des Geldes in den Ausrechnungen und Krons-Abgaben.

1) Die fremden Münzen müssen nach der schwedischen Oekonomie-Verfassung, gegen der schwedischen Münze, in einem solchen Verhältnisse stehen, daß 2 Rthlr. oder 64 Der silber Münze, einen Reichsthaler species; 61$\frac{1}{3}$ Der S. M. einen Rthlr. Albertus, und 60 Der S. M. einen Rthlr. Courant, ausgemacht haben. Die Agio aber, die zwischen Spezies und Alberts Thlr. war, mußte der Krone von den Pösten, welche mit Alberts bezahlet wurden, zu gute berechnet werden. In der königl. Instruktion für den Gouverneur Andreas Erichson zu Stöberg vom 7 Aug. 1628 §. 24 ist folgendes: „Die Münze angebende, wegen welche Ihro Maj. der Meinung

„nung

„nung ſeyn, wie die Unordnungen wegen
„ſelbe, von dem Unterſchied, ſo zwiſchen
„Jhro Königl. Maj. und der Stadt
„Münze ſich befindet, herrühren müſſe.
„Derohalben wollen Jhro Königl. Maj.
„daß nach dieſem keine andere Münze als
„Jhro Königl. Maj. und zwar ſolche,
„die nach Dero Schrot und Korn geſchla-
„gen iſt, gangbar ſeyn, ſamt daß aller
„Kauf und Verkauf, nach den ſchwediſchen
„Dahlers und Oere, nicht aber auf Fer-
„dinge und Schillinge, womit viele bisher
„betrogen worden, geſchehen ſoll. Uebri-
„gens ſoll er ſich dahin befleißigen, daß
„die Kupfermünze in ihrem Werth erhalten
„werde, und wegen ſelbe nach der Verord-
„nung, die der Feldherr bereits bekommen,
„ſich richten." ebenfalls in des Rentmei-
ſters Inſtruktion d. 23. Oct. 1683 §. 8
Münz-Plakat vom 15 May 1686 ferner
in des General-Gouvernements-Kam-
merier-Inſtruktion Ao. 1689 §. 4 „Es
„iſt iziger Zeit 1 Rthlr. species zu 2 Thlr.
„Silbermünze und 1 Thlr. Karoliner zu 60
„Oer S. M. angeſchlagen." ferner in der
Ober-Kammerier-Inſtruktion den
22 März 1696 §. 12.

R 4   2) In

2) In den Haakenzahl- und Arrende-Ausrechnungen, sind die Gerechtigkeits-Persehlen, Arbeit und Hofsländer zu Rthlr. species zu 90 Groschen angeschlagen und berechnet. Der Königl. Brief vom 5 Juny 1690 sagt „vors andere, so befinden „wir, daß es von der Kommißion, auf „gleicher weise wohlgethan ist, daß sie, um „alles in eine Münzsorte zu bringen, in der „Haakenzahl- und Arrende-Ausrechnungen, „die Albertus-Thaler, womit von einem Theil „der liefländischen Bauren, die in Riga ihre „Waaren verkaufen, die Geld-Gerechtig-„keit entrichtet wird, nach der in unserm „Münz-Plakat vom 15 May 1686 deter-„minirten difference in Rthlr. species redu-„ciret und einen Rthl. Albertus zu 61 ⅓ Der „S. M. berechnet hat." s. imgleichen schwedische Haakenzahl- und Arrende-Ausrechnung.

3) Die Landes-Abgaben und Arrendegelder, sind mit species Rthlr. entrichtet, und auf diese Münze sind, wie oben zum Theil angeführet, die Arrende-Kontrakte, und Liquidationes, mit den Possessoren formiret; wie es denn auch nicht zugegeben worden, daß Jemand seine Arrende-

Sum-

Summa mit Couranter Münze, nehmlich einen Thlr. species in couranter Münze bezahlen können. s. schwedische Liquidation und Königl. Resolution vom 11 Sept. 1699.

Aus diesem folgt von selbst, daß im Fall Jemand keine species Thlr. gehabt hat, seine Abgaben mit Albertus Thaler bezahlen wollen; so hat er auf jeden Thlr. Albertus $2\frac{2}{3}$ Der S. M. Agio d. i. vor 100 Rthlr. species $104\frac{8}{23}$ Rthlr. Albertus bezahlen müssen.

F. Von der Haakenzahl-Ausrechnung.

1) Ein Revisions-Haaken bestehet, nach der schwedischen Oekonomie-Verfassung, in 60 Rthl. species. In dem Königl. Brief vom 9 Nov. 1687 ist folgendes verfügt: „Was das andere anlangt, nehmlich das Quantum von Renten, so auf einen Haaken bestanden werden soll; so geben wir denen raisons, die sie anbringen, daß ein Haaken, wenn hierunter die ordinären Baur-Renten, mit der Arbeit nebst der Station und Reuter-Verpflegung mitbegriffen sind, nicht höher als zu 60 Rthlr.

"berechnet werden, in Gnaden unsern Bey-
"fall, und lassen es dahero dabey gänzlich
"beruhen und verbleiben,,

2) Die Revisions-Haakenzahl aber, wird ferner, nach der schwedischen Oekonomie-Verfassung von den Bauer-praestandis an Gerechtigkeit und Arbeit formiret. Hierüber lautet die Vorschrift in der Revisions-Instruktion 1687 §. 1 also: "Sr. Kö-
"nigl. Maj. haben vor das richtigste, beste
"und sicherste, diese beyden nachfolgenden
"Methoden ersehen: nehmlich vors erste,
"daß man, nachdem eine vollkommene Re-
"vision und Schäzzung vor sich gegangen ist,
"alle die ordinären Auflagen, die Station
"und Reuter-Verpflegung, so viel die Bau-
"ren, nach der geschehenen Schäzzung, da-
"für taxiret werden können, es sey an Gelde,
"Persehlen und Arbeit mit einbegriffen,
"weil hierinnen, wenn sie überhaupt consi-
"deriret werden, die ganze Importance und
"Qualité der Gesinder besteht, zusammen
"nimmt; und reducirt und verwandelt
"hernach sowohl die Persehlen, als auch
"die Arbeit, wogegen die Hoflage frey blei-
"bet, nach der im Lande gewöhnlichen Taxa
"zu Gelde, und formiret daraus, und auch

"aus

„aus dem Gerechtigkeits-Gelde eine Sum„ma, die hernach in Haaken Landes ver„theilet wird, nach dem Werth und Quan„to, was auf einen Haaken wird determi„niret und gesezzet werden." Und im Königl. Briefe vom 10 März 1690: „Was „aber die Ausrechnung der Haakenzahl an„langet, ob entweder die Arbeit und Ge„rechtigkeit der Bauren, nur berechnet, die „Hoflagen aber ausgeschlossen; oder aber „diese Hofes-Länder, woraus die Revenüen „fließen, nebst der Gerechtigkeit der Bau„ren consideriret werden soll? so finden „wir jenes nüzlicher für uns, und soll also „die Bauer-Gerechtigkeit und Arbeit be„rechnet, die Hoflagen aber ausgeschlossen „werden. Es ist aber hieneben zu observi„ren, daß die in neuern Zeiten angelegte „Hoflagen, welche iziger Zeit von dem Adel „possediret werden, so wie Bauerland, und „so wie sie bey der 1638 Revision gewesen, „consideriret werden sollen, auf daß durch „ihre Befreiung und Ausschließung, in der „bisher gewesenen Haakenzahl kein Abgang „entstehen möge."

3) Zu der Revisions-Haakenzahl wird den-

endlich nach der schwedischen Methode berechnet und attendiret:

1) Die Gerechtigkeit und Arbeit von allen besezten Bauer-Ländern werden nach dem Krons-Wakkenbuch aufgenommen; wenn sie aber zu Gelde, wornach der Haaken Landes angesezt wird, reducirt werden sollen; so übergehet man nachfolgende kleine Persehlen und Dienste, welche die Bauren prästiren, als Kohl, Rüben, Bastsrikke und Säkke, ingleichen Holz, so ferne selbiges nicht geflößt und zum Verkauf angewandt, sondern nur bey den Höfen consumirt wird, samt Korden oder Viehhüter, so die Bauren geben, wie auch das Spinnen von herrschaftlichem Flachs, weil solches alles von geringem Werth, und gemeiniglich den Arrendatoren in den Kontrakten unberechnet gelassen werden. In der Revisions-Verordnung von 1688 §. 34: „Wenn solchergestalt eine Richtigkeit ge„macht ist, auf alles was die Bauern „an Rente und Arbeit können und sollen „prästiren, und ausmachen, so verfer„tigt man darüber, nehmlich über alle „Ren-

„Renten und Arbeit, nach beyfolgender
„Taxa eine gehörige Ausrechnung, wo=
„bey zu observiren, daß man, wenn die
„Bauren 5 Tage in jeder Woche zur Ar=
„beit gehen, alsdann bey der Taxation
„der Arbeit, wegen Fest= und Feyerta=
„gen von 52 Wochen 20 Tage abziehet,
„für diejenigen aber, welche nur 3 a 4
„Tage in der Woche gehen, hat man
„nicht nöthig einige Feyertage abzurech=
„nen, weil sie sie können und pflegen zu
„ersezzen. Gleichergestalt kann ein Oter=
„nek von George bis Michaelis, der
„wöchentlich 5 Tage Dienste thut, we=
„gen Abgang der Feyertage nur auf
„21 Wochen ausgerechnet werden." s.
Königl. Taxa über die Rente Per=
sehlen.

2) Frey Leyde und Arrende= Gelder vor
Bauerländer, zufolge der Revisions=
Verordnung von 1688 §. 11 imgl.
schwedische Haakenzahl= Ausrech=
nung.

3) Kubjas oder Starast und Schil=
tersländer s. ebenfalls Revisions=Ver=
ordnung von 1688 §. 11 und schwedi=
sche Haakenzahl=Ausrechnung.

4) Krug

4) Krug und Mühlenländer. Revi-
sions=Verordnung §. 47. „Bey de-
„nen adelichen Erbgütern kommen die
„Krüge und Mühlen bey der Revision
„der Haakenzahl, solchergestalt in Con-
„sideration, daß das Land, welches der
„Krüger oder Müller zu dem Kruge oder
„der Mühle besitzet, nach dessen Im-
„portance zur Haakenzahl taxirt wird.
„Imgleichen wenn von denen Bauren,
„eine gewisse jährliche Mühlenrente ge-
„zahlet wird, so kommt solches gegen
„der andern Bauren Rente auf die Hälfte
„in Anschlag." s. schwedische Haa-
kenzahl=Ausrechnung.
5) Alle Bauerländer, die seit der 1638sten
Revision, bey privaten Gütern, unter
die Hofsfelder gezogen, und zu Hoflä-
gern gemacht sind. s. Königl. Brief
dd. 10 März 1690. und schwedische
Haakenzahl=Ausrechnung.

Erläuterungen.

1) Bey Berechnung der Arbeit, ist
nach Anleitung des 34. § in der Revisions-
Verordn. von 1688 abgerechnet wegen
der einfallenden Fest= und Feyertage:

Für

Für einen wöchentlichen Arbeiter

von 52 Wochen	— —	4 Wochen
von 29 Wochen	von Georgi bis Martini	3 —
— 23 —	von Georgi bis Michaelis	2 —
— 17 —	von Urbani bis Michaelis	1 —
— 19 —	von Johannis bis Martini	1 —
— 13 —	von Johannis bis Michaelis	1 —
— 9 —	von Jacobi bis Michaelis wird nichts abgerechnet.	

s. schwedische Haakenzahl = Ausrechnung.

2) Wenn bey publiquen Gütern auf Bauer = Ländern, eine Hoflage angeleget war, so wurden die dazu genommene Aekker und Buschländer, nach der Hofs = Taxation angeschlagen; dagegen aber so kamen solche Bauerländer, bey der Haakenzahl = Ausrechnung nicht mehr in Attention. s. schwedisches Wakkenbuch und Haakenzahl = Ausrechnung und Arrende = Ausrechnung.

G. Von

G. Von der publiquen Hofesländer-Taxation und Ausrechnung.

1) Nach der schwedischen Oekonomie-Verfassung, werden alle Hofesländer aufgemessen, beschrieben, und zur Charte gebracht, laut der Revisions-Verordnung vom 30 Jan. 1688 §. 37.

2) Eine Tonnstelle sowohl an Akker- als Buschland wird zu 14000 Quadrat-Ellen gerechnet. s. schwedische Arrende-Ausrechnung.

3) Alles Land wird nach den vorgeschriebenen Kennzeichen, und auch nach dem Befinden der Umstände, in 4 Graden redigiret. s. Revisions-Verordnung und schwedische Arrende-Ausrechnung.

4) Das Akkerland vom 1sten Grade wird zu $2\frac{1}{3}$ Rthlr. species durchgehends in allen 3 Lotten, und die andern Grade dagegen proportionirlich angeschlagen, folglich wird nach der vorgeschriebenen Proportion, da das Land von dem 4ten Grad, die Hälfte gegen dem von dem ersten Grad ausmachet,

Das

Das Land vom 2. Grade zu 1$\frac{17}{18}$ Rthlr.
Das Land vom 3. Grade — 1$\frac{1}{2}$ Rthlr.
Das Land vom 4. Grade — 1$\frac{1}{8}$ Rthlr.
angeschlagen.

s. oben die zwote Proposition, imgl. schwedische Arrende-Ausrechnung.

5) Das wüste Akkerland kommt in allen Graden, auf die Hälfte gegen das geschmolzene zum Anschlag. s. schwedische Arrende-Ausr. Eben so auch wenn der Arrendator mit eigenen Anspann und Tagelöhnern eine Hoflage bearbeiten muß. In der Revisions-Verordnung 1688 §. 41 heißt es: „Im Fall aber, daß „eine Kronshoflage, sowohl an Akker, als „auch Buschland, mehr Land haben sollte, „als die nach dem vorhergehenden 38 Punkt „zu bestimmenden Arbeiter, die entweder „an izo vorhanden sind, oder künftig verlegt werden, bestellen können; so wäre „es wohl am besten, daß solches Land mit „Bauren besezt würde. Wenn aber eine „solche Besezzung mit Bauren, aus verschiedenen Ursachen nicht leichtlich praktikabel wäre; so könnte das Land dem „Arrendator, wenn er es mit eigenen An-

Liefl. Gesch. S „spann

„spann und Tagelöhnern gebrauchen woll-
„te, so wie Bauerland angerechnet werden,
„nehmlich die Hälfte gegen das Land,
„wozu ihm hinlängliche Arbeiter bestanden
„sind, auf daß Sr. Königl. Maj. davon
„einige Revenüen erhalten mögte." s. auch

schwedische Arrende-Ausrechnung.
Erläuterungen.

a) Man hat durch vielfältige Versuche
und Erfahrungen befunden, daß das Land
vom 1sten Grad nach dem Mittelwege in
guten und mißdeilichen Jahren 6 Korn, das
Land vom 2ten Grad 5 Korn, vom 3ten Grad
4 Korn und vom 4ten Grad 3 Korn mit der
Saat austrägt. Daher ist auch in Erwägung genommen, daß zu einer Tonne Aussaat hier im Lande nach dem Mittelwege
$1\frac{1}{5}$ geometrische Tonnenstelle Land à 14000
quadrat Ellen erforderlich sind; und daß
also, wenn die Aerndte nach 1 Tonne Aussaat, 6 Tonnen rigisch beträgt, von einer
geometrischen Tonne, nur 5 Tonnen rigisch
berechnet werden können. Aus diesem
Grunde haben die Schweden, ohne allen
Zweifel die Aerndte im 1sten Grad zu 5, im
2ten zu $4\frac{1}{5}$, im 3ten Grad zu $3\frac{2}{5}$ und

im

im 4ten Grad zu 3 $\frac{1}{18}$ Korn genommen: Wenn man also zur Subsistance des Landwirths von dieser Aerndte den zehnten Theil und seine Aussaat abziehet, so kommt die in schwedischen Zeiten festgesezte Taxa, auf jeden Grad heraus. Daß aber hier dermaßen, für des Landmannes Mühe, und zu seiner Subsistance, nicht der 4te, sondern nur der zehnte Theil bestanden wird, das kommt von der obgemeldeten Difference des Maaßes her, weil man hier lediglich die Quantite, der nach gleich vielen Tonnen Aussaat fallenden Aerndte, gegen einander gehalten hat, ohne Reflexion, was zur Aussaat einer Tonne, nach Landes-Gebrauch, über das geometrische Maaß von 14000 □ Ellen, sonst erforderlich seyn mögte, und daher wenn im ersten Grad, nach 10 geometrischen Tonnen Aussaat 60 Tonnen im ordinären Maaß erhalten werden sollten, so würde dem Landmann nach der schwedischen Taxation der 4te Theil zukommen; da aber von 10 geometrischen Tonnen, nur 50 Tonnen im ordinären Maaß erbeutet werden, so hat ihm in Ansehung des egalen Verhältnisses, mit dem Obigen, nicht mehr als der 10te Theil zu gute kommen können.

b) Das bey den Krons-Gütern jährlich fallende Heu, Stroh, Kaff, wird nach der schwedischen Oekonomie-Verfassung zum Futter der Pferde und des Hornviehes u. s. w. ohne einigen Anschlag gelassen, damit die Felder unter gehöriger Kultur und Düngung gehalten werden können, und es ist den Arrendatoren der Kronsgüter verbothen einiges Heu und Futter zu verkaufen. s. Statthalters-Instruktion Ao. 1691 §. 8 Oekonomie-Reglement 1696 unter dem Titel von der Disposition und Kultur der Kronsgüter §. 3.

c) Obgleich es anderer Orten gebräuchlich ist, für den Nuzzen von der Viehzucht ein gewisses zur Arrende zu berechnen, so ist doch solches, von der schwedischen Oekonomie-Verfassung bey den Arrende-Gütern in Liefland nicht eingeführt worden.

6) Das Buschland wird in einer solchen Proportion, auf gewisse Jahre in Röhdung eingetheilet, daß es nach Verlauf dieser Jahre, in jedem Grade, wiederum zur Röhdung aufgewachsen seyn kann, nehmlich:

Das Buschland vom 1ten Grad auf
18 Jahre
— — — 2ten Grad auf
20 Jahre
— — — 3ten Grad auf
22 Jahre
— — — 4ten Grad auf
24 Jahre
Röhdung eingetheilet.

Das Buschland vom 1ten Grad wird zu 3 Rthlr. jede Tonne Aussaat, und die andern Grade dagegen proportionirlich, angeschlagen. Das Buschland vom 1sten und auch vom 2ten Grad kann 3 Jahre, das Buschland vom 3ten und 4ten Grad aber, nur 2 Jahr nach einander besäet werden, und dahero wird die nach der Eintheilung befundene Aussaat:

Im Buschlande vom 1sten Grad wegen dreyjähriger Nuzzung dreymal zu 3 Rthlr. und im Buschlande vom 2ten Grad nach der vorgeschriebenen Proportion dreymal zu 2½ Rthlr. im Buschland vom 3ten Grad wegen des zweyjährigen Nuzzens zweymal zu 2 Rthlr. und im Buschland vom 4ten Grad auch zweymal zu 1½ Rthlr. species ange-
schla-

schlagen. Im Kammerkollegii = Brief d. 26 May 1690 heißt es: „Da Sr. Kö=
„nigl. Maj. unser allergnädigster König und
„Herr, vermittelst Dero, auf unsere un=
„terthänige Befragung, wegen derer vom
„Herrn Königl. Rath, General=Gouver=
„neur und General=Lieutenant, wie auch
„von der Iefländischen Revifions = Kom=
„mifion, die Hofes=Buschländer eigentlich
„betreffend, infinuirten Vorstellungen, nehm=
„lich 1mo wie hoch jede Tonne Landes, wel=
„ches jährlich unter die Saat kommt, be=
„rechnet und angeschlagen werden soll, und
„2) wie weit die vorgeschlagene Methode,
„das Quantum der jährlichen Aussaat, in
„Buschländer auszurechnen, aggreiret wer=
„de, und zwar: ob nicht das Buschland
„vom 1sten und besten Grad auf 18 Jahre,
„vom 2ten Grad auf 20, vom 3ten auf 22,
„vom 4ten auf 24 Jahre zur Röhdung ein=
„getheilet werden könne; imgleichen ob es
„nicht also confideriret werden soll, daß
„das Buschland vom 1sten Grad und auch
„2ten drey Jahre, das Buschland vom 3ten
„und 4ten aber nur 2 Jahre nach einander
„besäet werden könne, ehe als man es, wie=
„der ruhen, und von neuem zu Buschland
„wach=

„wachsen läßt, unter dem 13 huj. an das
„Kollegium ergangenen gnädigen Rescripts
„resolviret und erkläret haben: daß was das
„erste anlanget, Sr. Maj. es allerdings,
„bey dem Schlusse beruhen lassen, den
„Sr. Maj. in Dero gnädigem Rescript,
„von nächstverwichenen 10 März darüber
„gefasset, und wovon das Kollegium der
„liefländischen königlichen Kommission eine
„Kommunikation des Innhalts ertheilet,
„daß man von den Buschländern, eben so
„viele Ellen, als bey den Hoflagen berech-
„nen, die Taxation von einer Tonne Lan-
„des aber, in dem besten Grad zu 3 Rthlr.
„und so proportionirlich darnach, in denen
„schlechtern ansezzen soll. Was aber die
„Methode, die Buschländer einzutheilen,
„und solcher Arrende-Güther Ausrechnun-
„gen zu formiren anlanget; dahero weil
„das Kollegium sich vor Sr. Königl.
„Maj. nicht anders expliciren können, als
„des Herrn königl. Rath, General-Gou-
„verneur und General-Lieutenant, und
„auch die Glieder der Kommission, sich in
„diesem Fall expliciret haben, nehm-
„lich: da bey verschiedenen Gütern, eine
„so große Quantite Buschländer vorhanden

S 4 „seyn

„seyn möchte, daß im Fall man sie, nach
„der obgemeldeten Methode, eintheilete,
„ein größeres Quantum von jährlicher Aus-
„saat heraus kommen würde, als die Gü-
„ter mit denen dahin gehörigen Arbeitern
„und Tagewerken zu bestellen vermögen;
„so wäre denn rathsamer, daß man anstatt
„des quanti von jährlicher Aussaat, wel-
„ches nach obbesagter Eintheilungs-Me-
„thode herauskommt, genau consideriete,
„wie große Aussaat mit des Guthes Arbei-
„tern und Tagewerken bestellet werden kön-
„ne: und daß man nur dieses Quantum,
„in der jährlichen Arrende-Summa zum
„Anschlage brächte; so zweifeln höchstbe-
„meldete Sr. Königl. Maj. nicht, daß
„die Kommission nach eingenommener gründ-
„lichen Information eines jeden Guthes
„Eigenschaft und Beschaffenheit, conside-
„riret, und in allen mit getreuem Fleiße
„und Bedacht Sr. Königl. Maj. Inter-
„esse, Nuzzen und Beste, gesucht haben wird;
„sondern Sr. Majestät consentiren auch
„zu der von Ihnen, in diesem Fall projek-
„tirten Methode, und confirmiren selbige
„dergestalt, daß künftighin, anstatt des
„quanti von jährlicher Aussaat, welches

„bey

"bey denen Buschländern nach obbemelde-
"ter Eintheilungs-Methode herauskommt,
"in genaue Konsideration genommen wird,
"wie große Aussaat mit des Guthes Ar-
"beitern und Tagewerken bestellet werden
"kann, welche denn allein in der jährlichen
"Arrende-Summa angeschlagen werden
"soll, als hat das Kollegium zufolge Sr.
"königl. Maj. gnädigen Befehls, diese
"Sr. königl. Maj. gnädige Resolution
"und Erklärung, des Herrn Königl. Rath,
"General-Gouverneur und General-Lieu-
"tenant zur Nachricht, bey Anfertigung der
"Ausrechnungen, kommuniciren sollen."
s. imgl. schwedische Arrende-Ausrechnungen.

Diesem zufolge untersuchte man, wie viel
Land mit denen bey einem Guthe befindlichen Arbeitern bestellet werden könnte, und
zwar wurden auf einen wöchentlichen oder
5tägigen Arbeiter nach Anleitung des 38 §.
der Revisions-Verordnung 1688, nur
7 Tonnen Sommer- und Wintersaat berechnet, was sich denn also, von denen 2 Lotten, die jährlich bearbeitet werden, nach dieser Ausrechnung, über die bestandenen Arbeiter befand, das wurde dem Arrendator,

nach dem Bauer-Anschlage auf die Hälfte zur Arrende berechnet, und daneben blieben die Buschländer gänzlich unangeschlagen und unberechnet. s. schwedische Arrende-Ausrechnung.

Eben daher darf keine neue Hoflage, auf den Krons-Güthern, ohne Approbation des General-Gouverneurs und Kammerkollegii angelegt werden. s. Statthalter-Instruktion von 1691 §. 11 und schwedisches Wakkenbuch und Arrende-Ausrechnung.

Ueber die Importance der Hofes-Akker und Buschländer sind, nach obbemeldeter Taxation, speziale Ausrechnungen formiret, wonach man sie in der Arrende-Ausrechnung zum Anschlag gebracht. s. schwedische Arrende-Ausrechnung.

H. Von der Arrende-Ausrechnung der publiquen Güter.

In der Einnahme dieser Rechnung ist nach der schwedischen Methode aufgenommen:

1) Die Importance der Hofesländer; nach einer darüber formirten spezialen Ausrechnung, wie oben erwähnet worden.

Wenn

Wenn aber bey einem Guthe gar kein, oder so wenig Akkerland gewesen, daß das dagegen gefallene Heu, zum Futter des Viehes, mithin aber auch die Düngung zu den Aekkern, nicht verbraucht hat werden können, sondern das Heu, hat größtentheils verkauft werden müssen; so ist alles Land zum Heuschlag geschlagen, und nach denen herausgebrachten Kujen a $\frac{2}{3}$ Rthlr. jeden Faden des Umfanges zur Arrende berechnet. Wenn das Heu mit Tagelöhnern gemacht wird, so wurde es nur auf die Hälfte angeschlagen.

2) Die Einkünfte von Hofes-Mühlen, wie oben bey der 8ten Fr. von Inq. der Höfe.

3) Die Avance von der Krügerey, und zwar nach Abzug der jährlichen Reparations-Unkosten, vor eine Tonne Bier von 90 Stof $\frac{1}{4}$ Rthlr. und von 1 Faß Bier zu 120 Stof $\frac{1}{3}$ Rthlr. species, vor 1 Tonne Meth $\frac{1}{2}$ Rthlr. vor 1 Stof Brandtwein $\frac{1}{15}$ Rthlr. species. s. schwedische Arrende-Ausrechnung.

4) Die Importance von der Fischerey. s. oben 10 Fr. Inquis. der Höfe.

5) Die

5) Die Importance von Ziegel-⎫
6) und von — — Kalk-⎬Brand

Der Ziegel- und Kalkbrand, welcher in der Arrende-Ausrechnung angeschlagen, oder von dem Arrendator auf seine eigene Kosten, aufgenommen worden; denn widrigenfalls sind sie, als besondere Krons-Regalien, dem Arrendator nicht anzuschlagen, oder zuzueignen, sondern müssen unter immediater Disposition der Krone stehen, und wo sich Gelegenheit dazu findet, noch mehrere derselben angeleget werden. s. Statthalter-Instruktion 1691 §. 28.

7) Die Importance von Aschbrand und andern Appertinenzien. s. oben die 11, 12, 13, 14, 15 Frage von der Inquis. der Höfe.

8) Die Gerechtigkeit von den besezten Bauer-Gesindern, nach der Ausrechnung und Kronstaxa. s. schwedische Arrende-Ausrechnung.

9) Frey- und Leyde-, auch Arrende-Gelder vor Bauer-Ländern. s. ebendaselbst.

10) Bauer-Mühlen-Renten. ibid.

11) Die Einkünfte von Fähren und Ueberfahrten. ibid.

12) Wachs

12) Wachs von Hofs-Kubjassen and Starasten. ibid.

13) Ueberschießende Arbeiter aus dem Ackerbau. s. Revisions-Verordnung von 1688 §. 42 und Arrende-Ausrechnung.

14) Jahrmarkts Einkünfte, als Stand-Gelder für die Buden, Accise vor verkauftes Vieh u. d. m.

15) Der Gewinn, welcher beym Aufgebot der Güther, über die, nach der ordinären Ausrechnung herausgebrachten Arrende-Summa gegeben worden, ist auch eine Zeit in denen Arrende-Ausrechnungen attendiret. s. schwedische Arrende-Ausrechnungen.

Vermöge Königl. Briefes vom 5 Juny 1690 §. 1, 2, 6 haben die liefländischen Güter durch Aufgebot an die Meistbietenden verarrendiret werden sollen, und auf daß die Arrendatores, alle Abkürzungen und casus fortuitos, ausgenommen die Pest und feindliche Invasiones, auf sich nehmen müssen, so wurde ihnen wegen Hazard und Mißwachs 4 pro Cento von der Bauer-Gerechtigkeit bestanden. Da aber hernach um-

umständlich remonstriret wurde, daß das Aufbiethen, verschiedentlich gehindert habe, gute und sichere Arrendatores, welche denen Güthern wohl vorgestanden, und sie kultiviret hätten, zu bekommen, weil man dabey nicht auf die capacité der Person, sondern auf die Größe der gebotenen Summa sehen müsse: So ist vermöge Königl. Briefes vom 13. April 1698 verordnet, daß die temporelle Arrende-Güther in Liefland, nicht nach dem höchsten Gebot, wie es, bis dahin gebräuchlich gewesen, sondern nach der darauf gesezten Taxation, an gute und sichere Arrendatores verarrendiret, die Arrendatores aber dagegen, alle casus fortuitos auf sich zu nehmen verobligiret werden. s. imgl. Kammerkollegii-Brief vom 4 März 1698. Folglich ist nach der Zeit, nichts von dem Gewinn in der Arrende-Ausrechnung zu bemerken. s. Kammerkollegii-Briefe vom 1 Sept. und 6 Sept. 1699.

Die Krone behielt sich aber bey Verarrendirung der Güther vor, alle andere Revenüen fernerhin zu taxiren, die in der ebengenannten Taxation, sollten vorbey gegangen seyn. s. königl. Brief vom 5 Juny 1690

1690 §. 5 vom 13 April 1698, Kammer=
kollegii=Brief vom 4 May 1698 und die
15 Frage in der Inquisition der Höfe.

Dagegen wurden
In der Ausgabe der Arrende = Ausrech=
nung, nach der schwedischen Methode ab=
geführt:

1) Die Station nach der Haakenzahl
des Guthes zu 7 Rthlr. 2$\frac{1}{4}$ Gr. species von
jedem Revisions=Haaken. s. schwed. Ar=
rende=Ausrechnung;

2) Die Reuter=Verpflegung gleich=
falls nach der Haakenzahl des Guthes zu
3 Rthlr. 50$\frac{2}{3}$ Gr. species vor jedem Revi=
sions=Haaken. s. schwedische Arrende=
Ausrechnung.

3) Der Roßdienst, wenn das Guth
zur Roßhaltung enrolliret gewesen, wird
4 Rthlr. species vor jedem Revisions=Haa=
ken berechnet. s. schwedische Arrende=
Ausrechnung.

4) Des Priesters, Schulmeisters
oder Küsters Gerechtigkeit, so viel als von
Hofe nach altem Gebrauch laut der Inqui=
sition entrichtet wurde. ibid.

5) Ex=

5) Extraordinäre Abschreibung, wenn die zum Anschlage gebrachte Hofes-länder, mit denen beym Guthe befindlichen Arbeitern, nicht alle bestellet werden konnten, sondern ein Theil davon mit Hofes Anspann und Tagelöhnern bearbeitet werden müste, welches dahero dem Arrendatori nur auf die Hälfte, so wie Bauerland angerechnet, und folglich die andere Hälfte in der Arrende-Ausrechnung abgeschrieben wurde. s. schwed. Arrende-Ausrechnung.

6) 4 pro Cento von der Bauer-Gerechtigkeit. s. königl. Brief vom 5 Juny 1696.

7) Amtmanns oder Aufsehers Lohn und Deputat so viel als von vorigen Zeiten schon gewöhnlich war. s. schwed. Arrende-Ausrechnung.

8) Blieb das Saldo die behaltene Arrende-Summa. s. schwed. Arrende-Ausrechnung.

II. Von Verarrendirung der Kronsgüther und der Disposition und Aufsicht über dieselben.

Die Verarrendirung der Kronsgüter ge-

geschicht zu iziger Zeit, nach der Taxation und Ausrechnung, die bey der Revision gemacht, und im ersten Abschnitte beschrieben worden, woraus denn auch die Disposition von selbst erfolgt. Inzwischen kann die Statthalter=Instruktion vom 21 Aug. 1691, das Oekonomie=Reglement vom 21 März 1696 und der schwedische Arrendekontrakt, in denen hieher gehörigen Stükken, welche denn auch ihre eigene Reflexion verdienen, nachgesehen werden.

Von dem Roßdienst.

1) Von Schweden.

Durch den Roßdienst sind die Länder, welche ein Edelmann und Ritter besessen, von ganz uralten Zeiten her, für die ordinären Auflagen, die sonsten der gemeine Mann, und die Bauren entrichtet, befreyet worden. s. Beschluß von Ao. 1525, Mandat den 5 April 1565.

In den ersten Zeiten, sind der Edelleute und Ritter Sizze und Hoflagen, eben so wenig, als der darunter gehörigen Bauerländer, von dem Roßdienst befreyet gewesen. s. Beschluß von 1525.

Liefl. Gesch.   T   Nach-

Nachhero aber ist einem Edelmann nehmlich, einem Freyherrn und einem Grafen Höfe vor den Roßdienst frey bestanden worden. s. Receß den 3 Aug. 1562.

Und in neueren Zeiten ist der Ritterschaft und dem Adel vergönnet und zugestanden, daß sie ihre Sizze und Höfe, innerhalb der Gränzen, von dem Roßdienst, und von andern publiquen Oneribus, befreyet, und ungraviret besizzen können. S. Adels-Privileg. Ao. 1617 §. 43 und Ao. 1723 §. 8.

Dagegen werden für die adelichen Gesinder der Bauren, sowohl der Roßdienst, als auch andere extraordinäre Bewilligungen und Auflagen entrichtet, nach jeden Ortes uralten Brauch, und nachdem es auf den Reichstagen bewilligt wird.

2) Von

2) Von Liefland,

und zwar dessen private Güter.

1) Alle Hofsländer, welche sich von altersher innerhalb der Höfe eigene Gränzen befinden, und worauf ein ordentlicher bebauter abelicher Hof, fundiret ist, sind von dem Roßdienst, und allen andern Krons-Oneribus vonjeher befreyt gewesen. s. Roßdienst-Ordnung vom 5 Nov. 1686 §. 4 und 8. Unter dieser Freyheit aber, werden keine solche Hoflagen und Viehhöfe mit begriffen, die seit der 1638 geschehenen Revision, auf Bauer-Ländern angeleget worden; sondern selbige werden, so wie Bauerländer, und so wie sie bey der Revision 1638 waren, consideriret. s. Instruktion für die Revisions-Kommission vom 22 May 1630 §. 11, und Königl. Brief vom 10 März 1690.

T 2   2) Alle

2) Alle Bauerländer sind von altersher zinsbar gewesen, und sind auch anizo
zinsbar. s. Roßdienst=Verordnung von
1626 §. 4 und von d. 5 Nov. 1686 §. 4
und 5. Instrukt. für die Revis. Kom-
miss. vom 22 May 1630 §. 4 und dd. 7 Febr.
1687 §. 9 imgl. Revisions=Verordnung
vom 30 Jan. 1688 §. 6, 9, 10.

Nicht weniger ist auch der Edelmann
für alle neue Bauer=Gesinder, die er auf
seinen Grund und Boden gepflanzet, und
mit ordinären Auflagen, und Gerechtigkeit
beleget hat, den Roßdienst und andere gewöhnliche Krons=Auflagen zu prästiren,
und zu entrichten schuldig. s. Instruktion
für die Revisions=Kommission vom
20 May 1630 §. 47 und 5, imgl. Verordn.
wegen der Wälder vom 20 Aug. 1664
§. 11 und Revisions=Verordn. vom
30 Jan. 1688 §. 10.

3) Au

3) Auf den Zuwachs und Vermehrung des Roßdienstes hat der General-Gouverneur und der Gouverneur alles Fleißes und Ernstes sehen sollen. Instruktion für den rigischen General-Gouverneur den 30 April 1644 §. 16 imgl. 30 Aug. 1645 §. 15 und für den rigischen Gouverneur den 23 Febr. 1665 §. 10.

4) Gleichergestalt hat der General-Gouverneur und Gouverneur auf den Zuwachs und Vermehrung der Station und anderer Krons-Einkünfte, insonderheit durch fleißige Visitation und Untersuchung des Roßdienstes, allen Fleiß anwenden sollen, dergestalt daß die Krons-Einkünfte alles darnach, so wie das Land zunehmen, und die Güter besezt werden würden, auch zuwachsen und sich vermehren sollte. s. obige Instruktion für den General-Gouverneur vom 30 April 1664 §. 20, vom 30 Aug. 1645 §. 19, imgl. für den Gouverneur vom 23 Febr. 1665 §. 14.

5) Der

5) Der Edelmann und privat Possessor hat die Freyheit, die Länder und auch Auflagen unter seinen Bauren, nach seinem Gefallen zu vertheilen und zu verhöhen und zu disponiren. s. Revisions-Instruktion vom 7 Febr. 1687 §. 9.

6) Die Bauer-Renten und praestanda müssen wegen des Roßdienstes von dem privat Possessor aufrichtig angegeben werden. s. Roßdienst-Verordn. den 5 Nov. 1686 §. 4. Sollte aber ein Edelmann und privat Possessor einige Bauerzinsen vorsezlich verheelen, um von dem Roßdienst dadurch frey zu kommen; so wird er zur Strafe, das Gesinde oder Bauerland, wovon er den Zins verheelet hat, an die Krone verlustig. s. Roßdienst-Verordn. den 5 Nov. 1686 §. 4 und Erklärung vom 31 Dec. 1687 §. 2.

7) Aus diesem Grunde werden die Bau-

Bauren, über die, von dem Possessor angegebene Prästanda, es bestehe solches in Arbeit, Gerechtigkeit, und worin es immer wolle, bey der Haaken-Revision auf das schärfste und genaueste examiniret und inquiriret. s. Instrukt. für die Revis. Kommission den 22. May 1630 §. 4 und 5 und vom 7 Febr. 1687 §. 1 und 9, ingl. Revisions-Verordn. vom 30 Jan. 1688 §. 6 und 17.

8) Wenn nun alles, was die Bauren an Arbeit und Gerechtigkeit prästiren, in eine ohnfehlbare Richtigkeit gebracht ist, so werden diese Prästanda, nebst der Station und Reuter-Verpflegung in dem Wakken- oder Landbuch specialiter nachgeschlagen. s. Instruktion für die Revisions-Kommission vom 7 Febr. 1687 §. 7 und Revisions-Verordn. vom 30 Jan. 1688 §. 14 und 33.

9) Die

9) Die ganze Wakkenbuchs-Summa, wird alsdann nach Kronstaxa zu Gelde ausgerechnet und reduciret. f. Instruktion für die Revisions-Kommission von dem 7 Febr. 1687 §. 1 und 5. Revis. Verordn. 1688 §. 34 und Königl. Brief vom 10 März 1690.

10) Die herausgebrachte Summa an Gelde wird durch 60 Rthlr. in Revisions-Haaken Landes ausgesezzet und taxiret. f. Instrukt. für die Revisions-Kommission vom 7 Febr. 1687 §. 1 und 6, Königl. Brief vom 9 Nov. 1687.

11) Unter der schwedischen Regierung ist

a) von 15 Revisions-Haaken ein voller Roßdienst in natura prästiret.

b) An Station, Schieß- und Balken-gelder von jedem Revisions-Haaken 7 Rthlr.

7 Rthlr. 2¼ Gr. species oder Albertus entrichtet.

c) Reuter-Verpflegung von jedem Revisions-Haaken 3 Rthlr. 50⅞ Gr. species oder Albertus bezahlet.

12) Unter der Rußisch Kayſ. Regierung ist nach Allerhöchsten Kayſerlichen Resolution vom 1 März 1712 §. 2 bishero statt des Roßdienstes, von jedem Revisions-Haaken 4 Rthlr. Albertus und an Station und Schieß- und Balken-Gelder 7 Rthlr. 2¼ Gr. Albertus bezahlet. Die Reuter-Verpflegung hingegen haben die privat Poſſeſſores und Paſtores, bis hierzu zwar von den Bauren auch eingenommen, maaßen ſelbige in der den Bauren, angeſezten Gerechtigkeit mit einbegriffen; in die Krons-kaſſa aber iſt von privaten Gütern und Paſtoraten nichts davon eingefloſſen.

Anhang.

Anhang.

1) Dokumente, in welchen die schwedische Revisions = Methode, Vorschrift und Oekonomie = Regeln enthalten sind:

    1) Instruktion für die Revisions=Kommission dd. 22 May 1630.

    2) Instruktion für die Revisions=Kommission dd. 7 Febr. 1687.

    3) Revisions = Verordnung oder das von der Revisions=Kommission aufgesezte, und von der Königl. Maj. approbirte Memorial dd. 30 Jan. 1688.

    4) Königliche Briefe dd. 9 Nov. 1687, den 10 März, den 13 May und 5 Jun) 1690,

1690, den 29 Juny 1693, den 13 April 1698, den 1 Sept. 1699, den 11 Sept. 1699.

5) Statthalters-Instruktion von dem 21 Aug. 1691.

6) Oekonomie-Reglement den 21 Märȝ 1696.

7) Kammerkollegii-Briefe den 26 May 1690, den 20 März und 12 July 1693, den 12 oder 16 April 1694, den 4 May 1698, und 6 Sept. 1699.

8) Verordnung wegen der Wälder dd. 20 Aug. 1664.

9) Verordnung wegen des Roßdienstes dd. 20 May 1626, den 5 Nov. 1686, und Erklärung darüber den 31 Dec. 1687.

10) In-

10) Instruktion für den General-Gouverneur, den 30 April 1644, und den 30 Aug. 1645.

11) Instruktion für den Gouverneur den 23 Febr. 1665.

12) Schwedischer Arrende-Kontrakt.

2) Aus

2) Ausrechnungs-Tabelle der schwedischen Erdtaxa, wornach die Landmesser, die Revision und Taxation der Haakenzahl der Bauer-Ländereyen einrichten müssen, in Liefland, und machen demnach 60 Rthlr. Albertus einen Haaken, den Rthlr. Alb. zu 90 Gr. gut Geld gerechnet.

Tonnen-Stellen Land à 14000 Quadrat-Ellen.	Geschmolzen Akker.			
	1	2	3	4
	Grade.			
	Importance an Gelde.			
	Gr.	Gr.	Gr.	Gr.
1	90	75	60	45
7/8	78 3/4	65 5/8	52 1/2	39 3/8
3/4	67 1/2	56 1/4	45	33 3/4
5/8	56 1/4	46 7/8	37 1/2	28 1/8
1/2	45	37 1/2	30	22 1/2
3/8	33 3/4	28 1/8	22 1/2	16 7/8
1/4	22 1/2	18 3/4	15	11 1/4
1/8	11 1/4	9 3/4	7 1/2	5 5/8

Tonnen-Stelle Land à 14000 Quadrat-Ellen.	Wüst Akker, Dresch- und Buschland nebst tauglichen Birsen.			
	1	2	3	4
	Grade.			
	Importance an Gelde.			
	Gr.	Gr.	Gr.	Gr.
1	45	37 1/2	30	22 1/2
7/8	39 3/8	32 13/16	26 1/4	19 11/16
3/4	33 3/4	28 1/8	22 1/2	16 7/8
5/8	28 1/8	23 7/16	18 3/4	14 1/16
1/2	22 1/2	18 3/4	15	11 1/4
3/8	16 7/8	14 1/16	11 1/4	8 7/16
1/4	11 1/4	9 3/8	7 1/2	5 5/8
1/8	5 5/8	4 7/8	3 3/4	2 13/16

Tonnen-Stellen Land à 14000 Quadrat-Ellen	Abgebraucht Buschland.			
	1	2	3	4
	Grade.			
	Importance an Gelde.			
	Gr.	Gr.	Gr.	Gr.
1	22 $\frac{1}{2}$	18 $\frac{3}{4}$	15	11 $\frac{1}{4}$
$\frac{7}{8}$	19 $\frac{1}{16}$	16 $\frac{13}{32}$	13 $\frac{1}{8}$	9 $\frac{27}{32}$
$\frac{3}{4}$	16 $\frac{7}{8}$	14 $\frac{1}{32}$	11 $\frac{1}{4}$	8 $\frac{7}{16}$
$\frac{5}{8}$	14 $\frac{1}{16}$	11 $\frac{13}{32}$	9 $\frac{3}{8}$	7 $\frac{1}{32}$
$\frac{1}{2}$	11 $\frac{1}{4}$	9 $\frac{3}{8}$	7 $\frac{1}{2}$	5 $\frac{5}{8}$
$\frac{3}{8}$	8 $\frac{7}{16}$	7 $\frac{1}{32}$	5 $\frac{5}{8}$	4 $\frac{7}{32}$
$\frac{1}{4}$	5 $\frac{5}{8}$	4 $\frac{11}{16}$	3 $\frac{3}{4}$	2 $\frac{13}{16}$
$\frac{1}{8}$	2 $\frac{13}{16}$	2 $\frac{7}{16}$	1 $\frac{7}{8}$	1 $\frac{13}{32}$

Aus-

Ausrechnungs-Tabelle von 14000 schwedischen Quadrat-Ellen die Tonne, in den Hofes-Ländern.

Tonnen.	1ter Grad.					
	Rein Akker.		Buschland 18 Jahren.		Wüst Akker.	
	Rth.	Gr.	Rth.	Gr.	Rth.	Gr.
1	2	30	3	—	—	—

Tonnen.	2ter Grad.					
	Rein-Akker.		Buschland 20 Jahren.		Wüst-Akker.	
	Rth.	Gr.	Rth.	Gr.	Rth.	Gr.
1	1	85	2	45	—	87½

Tonnen.	3ter Grad.					
	Rein-Akker.		Buschland 22 Jahren.		Wüst-Akker.	
	Rth.	Gr.	Rth.	Gr.	Rth.	Gr.
1	1	50	2	—	—	70

Tonnen.	4ter Grad.					
	Rein-Akker.		Buschland 24 Jahren.		Wüst-Akker.	
	Rth.	Gr.	Rth.	Gr.	Rth.	Gr.
1	1	15	1	50	—	52½

Zu dem Grad No. 1 gehört Eine Elle schwarze Erde, der Grund fest Lehm, oder fein kompakt Sand, weiß oder roth.

— — No. 2 gehört Eine halbe Elle schwarzbraune Erde, der

Liefl. Gesch.   U   Grund

Grund kompakt fest, gelb oder weiß Sand.

— — No. 3 gehört Lichtbraune Erde 5, 6, 7 Zoll tief, der Grund gelb, grob Sand.

— — No. 4 Lichtbraun oder graue Erde 3, 4, 5 Zoll tief, der Grund ist braungelb, oder auch weiß, grob, loß und wässerig Sand, auch weiß Lehm.

3) An dem Walde zu erkennen, was Güte das Land oder die Erde sey.

No. 1 hält insgemein viel Eichen, Eschen, Lehnen, Aepfelbäume durcheinander.

No. 2. Birken, Fichten, Grähnen, Linden durcheinander.

No. 3. Ellern, Espen, Linden, Weiden durcheinander, wässerig.

No. 4. Wacholder-Strauch, Haselnußbäume, sandigten Grund, loß.

Am

Am Grase zu erkennen, was Güte das Land sey.

No. 1. Hält insgemein reichlich Klee, wilde Chamille, kleine violet und gelbe Blümlein, Ochsenzungen, Schellkraut, Erdrauch.

No. 2. Neuenmannskraft, Millefolium, Habichtskraut, Raden, reichlich dunkelgrün Gras.

No. 3. Hat insgemein viel Johanniskraut, Daublätter, oder Daurosen, Daugras, Pfennigkraut.

No. 4. Heidekraut, Pfarrenkraut, das reichlich mit Gras oder Moos umgeben, der lettische Bauer nennt es wilke sicke, recht in Form des feinen Lauchs einer Elle hoch, an die Spizze sein Saamen-Kästlein, der Bauer nennt es strobe, ist das allerschlechteste, unfruchtbar, auch mit keinem Mist zu helfen, NB. daher auch in gar keine Nummer zu bringen.

Atteſtire hiemit, daß dieſe Abſchrift, dem bey dieſem Kayſerlichen Oekonomie-Komtoir befindlichen Exemplar gleichlautend ſey. Riga Oekonomie-Komtoir d. 19 Novbr. Ao. 1768.

Godofr. v. Lincke,

Tit. Rath und Oekon. Kämmerier.

4) Extract aus Remmers ſeinen Anmerkungen in der Niggenſchen neuen Meſſungsſache.

„Man kann nicht ſagen, daß die Schweden hierin nicht billig gehandelt hätten, maßen ſie 6 Tonnen Aerndte ein Jahr in das andere, auf eine Tonne Ausſaat Land vom 1ſten Grade rechneten, und die übrigen Grade nach Proportion $\frac{1}{7}$ weniger.

Vor 6 Landmeſſer Tonnen von 14000 Ellen, rechneten ſie 5 Tonnen Ausſaat im Felde,

Felde, daß also die Schäzzung der Aerndte folgendergestalt zu stehen kam

pr. 1 Tonne vom 1sten Grad — 5 Tonnen rigisch
— — 2ten Grad — 4 $\frac{12}{14}$ Toñ. rigisch
— — 3ten Grad — 3 $\frac{19}{27}$ Toñ. rigisch
— — 4ten Grad — 3 $\frac{1}{18}$ Toñ. rigisch
} Aerndte,

Ich will auch eine Probe von ihrer Ausrechnung hersezzen, der sie sich bedienten, ehe sie zur Taration der Hoflagen schritten, oder die Berechnung der Arrende festsezten;

z. B. Ein Stück Landes vom ersten Grad von 72 Tonnen Landmesser-Maaß thaten im Felde zur Aussaat 60 Tonnen.

Hiervon wurden nur ⅐ gebraucht, nehmlich

   40
mit = 6 Korn
  ―――――
  240 Tonnen die Aerndte ――――
  ―――――
ab 40

  168 die Aerndte
―――――

also 208 Tonnen, so von der Arrende abgehet, bleibt 32 Tonnen zur Subsistance des Ar-
        rendators
―――――
  240 Tonnen

  Vor alle 3 Lotten im Landmesser=Maas
   die 72 Rthlr. Stellen
  mit 2⅓ Rthlr. a Tonn. Abgabe
  ―――――
  168 Tonnen nebenstehende
     Arrende=Summa.

lief= und ehstländische

Bauer

ist

nicht der so gedrückte Sklave

für den man ihn hält.

Von

A. v. B—r.

Dorpat,
in der Gauger und Lindeschen
Buchhandlung. 1786.

Ein, über die Sklaverei und den Charakter der Bauren in Lief- und Ehstland, heraus gekommenes Buch hat mich veranlaßt, zu untersuchen: ob der lief- und ehstländische Bauer denn wirklich der so elende Sklave sey, für den er gehalten wird.

Um von seinem wahren Zustand mehrere Begriffe sammlen zu können, hab ich ihn mit dem russischen Bauer, der auch leibeigen ist, verglichen und untersucht: welcher von beiden seinem Herrn den größten Gehorch das Jahr hindurch zu leisten hat. Denn hab ich berechnet: was ein lief- und ehstländischer Bauer-Wirth, der ein Viertel Landes besitzet, mit seinem Gesinde aus einem solchen Stück Land,
wenn

wenn er fleißig ist und alle seine Arbeiter gehörig nützet, gewinnen kann; und endlich hab ich untersucht: ob der lief- und ehstländische Gutbesitzer sich denn wirklich in der Nothwendigkeit befinde, seinen Bauren einen größern Gehorch aufzulegen, als sie zu leisten schuldig sind, und ob er nicht mit dem Gehorch, der ihm nach dem Wakenbuch gebührt, alle die auf seinem Gute nothwendige Arbeiten bestreiten könne.

Das Resultat meiner Untersuchungen ist endlich dahin ausgefallen, daß ich gefunden habe: der russische Bauer habe seinem Herrn einen ungleich beschwerlichern Gehorch zu leisten, als der lief und ehstländische; daß das Land, so lezterer besizt, hinreichend ist, ihn und sein Gesinde nicht allein reichlich zu ernähren, sondern daß selbiges ihm auch einen Ueberschuß zum Wohlleben abwirft; und daß endlich die nach einem Wakenbuch den Bauren

aufer-

auferlegte Arbeit hinreichend ist, alle Arbeiten auf einem Gute zu bestreiten, und daß der Gutsbesitzer, wenn er nur diejenige Arbeit, die er gesezlich fordern kann, aus seinem Gebiete richtig erhält und darauf sieht, daß selbige gehörig angewandt wird, nicht nötig habe, seine Bauren ausser ihrer pflichtmäßigen Arbeit weiter anzustrengen; das zu beweisen soll der Gegenstand dieser wenigen Blätter seyn.

Ohne die Vorzüge in Betracht zu ziehen, die der lief- und ehstländische Bauer vor dem russischen hat, daß der Herr des leztern durch kein gesezliches Wakenbuch in der seinen Bauren aufzulegenden Arbeit eingeschränkt ist, und daß der lief- und ehstländische Bauer seinem Herrn zu jederzeit, wenn er glaubt von ihm widergesezlich behandelt worden zu seyn, vor Gericht fordern und dort seine Klage vorbringen kann; ist sein Arbeitsbeitsgehorch auch ungleich geringer, wie der des russischen Bauers.

Es ist bekannt: daß ein Bauerwirth in Lief- und Ehstland, der ein Viertel Landes besitzt, acht und mehrere zur Arbeit fähige Menschen beiderlei Geschlechts in seinem Gesinde hat. Ein solches Gesinde schikt seinem Herrn in jeder Woche zween Menschen auf 3 Tage zur Arbeit, von welchen der eine mit Anspann das ganze Jahr hindurch, der andere zu Fuß aber nur 22 Wochen, nemlich von St. Georgi bis Michaelis, dem Gute Arbeit leistet. Ausser diesen Arbeitstagen hat das Gesinde 10 bis 12 sogenannte Kordentage und vier Fuhren zur Verführung der Hofesgefälle, die ich für 56 Arbeitstage annehme, im Jahr zu prästiren. Zur Verführung der Station und Postfurage, wie auch zur Besserung der Landstraße gehen ihm auch höchstens 42 Arbeitstage hin, und dann hat das Gesinde noch 2
Pfund

Pfund Garn von seinem eigenen Flachs, und 2 Pfund Hofes Flachs für den Gutsherrn zu spinnen, wofür ich 24 Arbeitstage rechne. Daß also der ganze Gehorch des angeführten Gesindes in 356 Arbeitstagen besteht. Dahingegen muß der russische Bauer mit allen seinen zur Arbeit fähigen Menschen so wohl männlichen als weiblichen Geschlechts, das ganze Jahr hindurch in jeder Woche 3 Tage für seinen Herrn arbeiten; mithin wenn ein lief= und ehstländisches Gesinde von Acht zur Arbeit fahigen Menschen, seinem Herrn jährlich 356 Arbeitstage geleistet, so muß ein russisches Gesinde von eben so viel Menschen für seinen Herrn 1248 Tage arbeiten.

Aus dieser Vergleichung glaube ich hinlänglich bewiesen zu haben, daß der Gehorch des russischen Bauers ungleich drückender ist, als der Gehorch des lief= und ehstländischen. Nun will ich zeigen: daß
ein

ein solcher lief= und ehstländischer Bauer-wirth von seinem Land so viel Getreide gewinnen kann, als zu seinem reichlichen Unterhalt nötig ist, und daß ihm davon auch noch zum Wohlleben übrig bleibt.

Wenn das angeführte Gesinde von 8 Menschen 4 zur Arbeit fähige Kerl hat und 3 von selbigen nur die Hälfte von derjenigen Arbeit im Gesinde leisten, *) die der Herr Verfasser gedachten Buchs einem Tagesarbeiter aufleget, **) so kann ein solches Gesinde ganz bequem 27 Löse Roggen und etwa 32 Löse Sommerge-treide aussäen, und wenn ich die Erndte von der Roggenaussaat, gleichfalls nach des

*) Der vierte Arbeiter verrichtet den Ge-horch des Gesindes, und steht die eine Woche durch mit Anspann und die ande-re Woche zu Fuß auf dem Gute.

**) Denn ein jeder Tagesarbeiter kann bei einer guten Aufsicht, die nur etwas scharf ist, 3 Lof Aussaat in jeder Lotte bearbeiten. — S. S. 148.

des Herrn Verfassers Berechnung, *) das 6te Korn über die Aussaat rechne, so muß ein solches Gesinde 162 Löfe Roggen über die Aussaat erndten und von der Sommersaat, wenn ich das 5te Korn von der Gersten und das 4te von der Haber=Aussaat annehme, ohngefähr 80 Löfe Gersten und 64 Löfe Haber erndten können. Um die Einnahme und Ausgabe des Bauers deutlicher zu machen, will ich die ganze Erndte dieses Gesindes zu Geld anschlagen; und ich glaube einen billigen Preiß anzunehmen, wenn ich das Lof Roggen zu 80, die Gerste zu 60 und den Haber zu 40 Kop. berechne. Auſſer der Getreid=Erndte gewinnt der Bauer aus seinem Viehstande so viel, daß er nicht allein Fleisch, Butter, Milch u. dergl. zum eigenen Genuſſe frei hat, sondern er verkauft auch wohl ein bis zwei

*) Aussaat ist 2 Lof, davon ist die mittelmäßige Erndte sicher 14 Lof. — S. S. 148.

zwei Stück Hornvieh, einige Schaafe, Butter, Talg, Honig, Wachs, Leinsaamen, Flachs, Hüner, Enten, Gänse u. a. m. Für alle diese Artikel kann man wenigstens 30 Rubel rechnen, die der Bauer ausser seiner Erndte jährlich löset. Dies wird deutlicher werden durch folgende Berechnung der jährlichen Einnahme und Ausgabe eines lief- und ehstländischen Bauers, der ein Viertel Landes besitzet.

Einnahme.	Rbl.	Kop.
Die ganze Erndte von einem Viertler beträgt:		
162 Löfe Roggen à 80 Kop.	129	60
80 = Gersten à 60 =	48	—
64 = Haber à 40 =	25	60
Aus dem Viehstande und andern Produkten wird gelöst	30	—
Summa Rbl.	233	20

Aus=

Ausgabe.	Rbl.	Kop.
Auf 4 Arbeitskerls jährlich zu Brod gerechnet 24 Löfe Roggen, das Lof zu 80 Kop. = = =	19	20
Auf 4 arbeitende Weibspersonen 20 Lof . . à 80 =	16	—
Für 8 Kinder, die das Gesinde haben könnte, 4 Löfe auf ein jedes gerechnet = = =	25	60
Zu Grütze fürs ganze Gesinde, 20 Löfe Gersten = = = =	12	—
Zum Erzug einiger Kälber und Mastung einiger Schweine, 5 Löfe Roggen und 5 Löfe Gersten	7	—
Auf 7 Monat Futter für 4 Pferde, für jedes Pferd täglich ein Garnitz Haber, deren 24 auf ein Lof gehen, macht 35 Löfe, à 40 Kop. = = =	14	—
Und wenn der Bauer seine 4 Fuhren thut, noch 4 Lof Haber zu dem obigen Futter gerechnet, beträgt = = = = = =	2	40
Fürtrag Rbl.	96	20

Aus=

Ausgabe.	Rbl.	Kop.
Fürtrag	96	20
Die Priestergerechtigkeit ist ein Drittel Lof von Roggen, Gersten und Haber, macht	—	60
Das an den Gutsherrn jährlich zu zahlende Gerechtigkeitsgetreide 3 Lof Roggen, 3 Lof Gersten und 3 Lof Haber . . . . betragen	5	40
Zwei Tonnen Salz	7	—
Zur Unterhaltung der 4 Pflugeisen rechne auf jedes einen Rubel	4	—
Beschlag der 4 Pferde, die im Gesinde sind, rechne	6	—
Da der Bauer das eine Jahr sich einen Rok und das andere Jahr einen Pelz zu machen pflegt, und ein Rok $1\frac{1}{2}$ Rubel, der Pelz aber 3 Rubel kostet; so rechne für diese Kleidungsstücke	18	—
Die Kinder zu kleiden, rechne ich die Hälfte	9	—
Fürtrag Rbl.	146	20

Aus=

Ausgabe.	Rbl.	Kop.
Fürtrag -	146	20
Die kleine Gerechtigkeiten, so der Bauer seinem Herrn jährlich abzutragen hat, bestehen in:		
¼ Schaaf	—	25
3 Eyer	—	1
1 Huhn	—	8
3 Pfund Hopfen	—	12
und einen Sack	—	40
Kopfgeld für 8 männliche Seelen	5	76
Hemde und Strümpfe werden im Gesinde von den Weibern verfertigt, der Flachs hiezu selbst gebaut und die Wolle von den Schaafen genommen.		
Die dem Gutsherrn zu zahlende Geldgerechtigkeit	1	80
Zu unbenañten kleinen Ausgaben	10	—
Ausser einem kleinen Stück Land, zu ungefehr einem Lof Aussaat, das der Wirth einem jeden Knecht zu geben pflegt; giebt er ihm auch noch 2 Rubel Lohn jährlich, beträgt für 3 Knechte	6	—
Zum Wohlleben	62	58
Summa Rbl.	233	20

Nach

Nach vorhergehender Berechnung, wo ich nichts übertrieben, glaube ich bewiesen zu haben, daß der lief- und ehstlandische Bauer von seinem Land nicht allein reichlichen Unterhalt hat, sondern daß ihm auch ein Ansehnliches zum Wohlleben übrig bleibe. Izt brauche ich nur noch zu beweisen: daß der nach dem Wakenbuch dem Bauer auferlegte Gehorch hinreichend ist, alle bei einem Gute erforderliche Arbeiten zu bestreiten, und zu diesem Ende werde ich eine Berechnung von Bauerarbeitstagen, wie selbige bei einem sehr erfahrnen Landwirth auf einem seiner Güter angewendet werden, zum Grunde legen, und hiernach beweisen, daß ein Gut von $8\frac{3}{8}$ liefländischen Bauerhaken bei einer Aussaat von 200 Löfen Wintergetreide, und einem Brandweinsbrande von 210 Fässern, alle diese Arbeiten mit den gesezlichen Arbeitstagen verrichten könne.

Verzeichniß

von den Prästandis eines privat Gutes von $8\frac{3}{8}$ Bauerhaken nach Vorschrift des Wakenbuchs.

	Arbeitstage mit Anspan	Arbeitstage.
Das Jahr hindurch leisten 25 Viertler ein jeder wöchentlich 3 Tage mit Anspann; also in 52 Wochen, alle	3900.	—
Desgleichen von St. Georgi bis Michaelis, ein jeder 3 Tage zu Fuß, macht in 22 Wochen	—	1650.
17 Achtler prästiren ein jeder wöchentlich $1\frac{1}{2}$ Tage mit Anspann; also in 52 Wochen	1300.	—
Nebst diesem arbeiten sie von St. Georgi bis Michaelis ein jeder $1\frac{1}{2}$ Tage zu Fuß, macht in 22 Wochen	—	550.
Ausserdem muß ein jeder Viertler 12, und ein Achtler 6 Hülfstage leisten, diese betragen	—	402.
Fürtrag	5200.	2602.

Ueber

	Arbeitstage mit Anspañ	Arbeitstage zu Fuß.
Fürtrag	5200.	2602.

Ueber vorgemeldte Arbeit muß ein jeder Viertler zur Verführung der Hofsgefälle 4, und ein Achtler 2 Fuhren thun. Weil es aber dem Gutsbesitzer vermöge Eines Erlauchten Kayserlichen General-Gouvernements-Publikation vom 12. April 1765 dritten Punkts frei stehet, wenn zur Verführung der Hofsgefälle, die Fuhren nicht gebraucht werden, sie anderweitig zu nützen: so werden solche theils zur Anführung des nöthigen Brennholzes gebraucht. Alsdenn leistet ein Viertler für eine Fuhre 14 Arbeitstage mit Anspañ, und also für 4 Fuhren 56, betragen von 25 Viertlern

	1400.	—
Eben so prästiren 17 Achtler für ihre 2 Fuhren	476.	—
Fürtrag	7076.	2602.

Da

	Arbeits tage mit Anspañ	Arbeits tage zu Fuß.
Fürtrag •	7076.	2602.
Da solchergestalt jede Arbeit für gerechnete Tage geschiehet, und also die Arbeitstage zu Fuß nicht zureichen, hingegen die Arbeitstage mit Anspann gewöhnlich überschießen, so werden erstere mit leztern bestritten, und zwar so, daß für 2 Arbeitstage mit Anspann, 3 Arbeitstage zu Fuß geleistet werden müssen. Auf diese Weise beträgt der Gegenseitige Ueberschuß von 1979 Arbeitstagen mit Anspann = = = = = =		2968.
Summa	7076.	5570.

(✝) 18 (✝)

Verzeichniß

von der Anwendung der 7076 Arbeitstage mit Anspann und 5570 Tage zu Fuß.

	Arbeitstage mit Anspan̄	Arbeitstage zu Fuß.
Da nach der gewöhnlichen Art jeder Arbeiter mit 1 Pferd des Tags 3 Stük pflügen muß, wovon jedes 40 Schritt lang und 30 breit ist, und eines Lofs Aussaat betragen, so sind zum ersten pflügen der Sommerkornfelder nötig, wenn die lezte Aussaat in 200 Löfen bestanden hat :	200.	—
Zum eggen desselben, da in zween Tagen 6 Lof Stellen durch 2 Pferde füglich bestellt werden können :	132.	—
Zur Habersaatzeit kommen auf einen Tag vom Viertler 3, und vom Achtler 2 Arbeiter mit Anspann betragen : : : : : :	109.	—
Fürtrag	441.	—

Zum

	Arbeits tage mit Anspañ	Arbeits tage zu Fuß.
Fürtrag	441.	—
Zum eggen des Habers kommen auf einen Tag vom Viertler 2, und vom Achtler ein Arbeiter mit Anspann betragen	67.	—
Zur Gerstenaussaat kommen auf 2 Tage vom Viertler 3, und vom Achtler 2 Arbeiter mit Anspann betragen	218.	—
Zum Mistführen kommen aus jedem Viertel 3 Menschen und 2 Pferde und vom Achtel 2 Menschen und 1 Pferd, höchstens auf 10 Tage	670.	420.
Zum pflügen der Brachfelder nach obiger Berechnung	200.	—
Zum eggen desselben	132.	—
Zum Heumachen vom Viertler 3, und vom Achtler 2 Menschen auf 12 Tage, betragen	—	790.
Fürtrag	1728.	1210.

Zum

	Arbeits tage mit Anspañ	Arbeits tage zu Fuß.
Fürtrag	1728.	1210.
Zum Korben *) des Roggenfeldes	150.	—
Zum Eggen desselben	120.	—
Zum Roggenschneiden kommen sie auf die eingetheilte Stücke und wird auf jeden Arbeiter täglich zu schneiden eines Kilmits Aussaat Landes gerechnet, also zu 200 Löfen Aussaat	—	800.
Zum Roggensäen kommen auf 3 Tage vom Viertler 3, und vom Achtler zwei Arbeiter mit Anspann	327.	—
Zum Gerstenschneiden auf 120 Löse Aussaat	—	480.
Zum Haberschneiden auf 100 Löse Aussaat	—	400.
Zur Erbsenaufnahme auf 5 Löse Aussaat 8 Tage auf ein Lof gerechnet	—	40.
Fürtrag	2325.	2930.

Bei

*) Korden heißt zum zweitenmal pflügen.

	Arbeits tage mit Anspañ	Arbeits tage zu Fuß.
Fürtrag	2325.	2930.
Bei zwei doppelten Hofs-Riehen zum Korn- und Strauchbeiführen, während 20 Wochen, da gedroschen wird, täglich 4 Arbeiter mit Anspann	480.	—
Da in 7 Monat 210 Fässer Brandwein gebrannt werden, und täglich 1 Faß aus der Küche kommt, so werden täglich 4 Arbeiter gebraucht, macht	—	840.
Das in der Brandweins-Küche und zur Heitzung der Hofgebäude erforderliche Holz, und zwar 500 Faden aus der Nähe anzuführen	500.	500.
Im Maststall stehen täglich 3 Arbeiter zu Fuß, wöchentlich 21 Tage, und in 30 Wochen	—	630.
Fürtrag	3305.	4900.

Die

	Arbeits tage mit Anspañ	Arbeits tage zu Fuß.
Fürtrag	3305.	4900.
Die Verführung von 180 Fäſſer Brandwein, zu 2 Fäſſer auf ein Fuder gerechnet, machen 90 Fuhren, eine jede zu 14 Tagen	1260.	—
Auſſer dem Brandwein noch etwa 300 Löſe Getreide zu verführen, zu 7 bis 8 Löſe auf ein Fuder gerechnet	532.	—
Ueberſchuß an Arbeitstagen mit Anſpann, von welchen die Fehlende 1598 Arbeitstage zu Fuß genommen worden	1979.	—
Zu allerlei vorfallenden Nebenarbeiten, übrige Arbeitstage zu Fuß	—	670.
Summa	7076.	5570.

Durch obige Berechnung hoffe ich bewieſen zu haben, daß der Gutsbeſitzer keine Urſache hat, ſeinen Bauren einen

grö=

größern Gehorch aufzulegen, als ihnen zu leisten gebührt, und daß alle die bei einem Gut zu verrichtende Arbeiten mit den gewöhnlichen Arbeitstagen ganz bequem bestritten werden können. Solten aber dennoch auf einigen Gütern die Bauren über ihre gesezliche Arbeit angestrengt werden, so liegt es entweder an der Verwaltung des Herrn, der seine Arbeiter nicht gehörig einzutheilen und zu gebrauchen weiß; oder an den Bauren selbst, die ihre Tagesarbeiten nicht ordentlich verrichten.

Mithin ist der lief- und ehstländische Bauer nicht der so elende Sklave, für den er ausgeschrien wird. Soll er es aber denn durchaus heißen, so ist er es gewiß nur dem Namen nach. Man nenne ihn aber nach seiner natürlichen Benennung Bauer, und betrachte ihn im Lichte seines Wohlstandes, so werden gewiß alle die verhaßten Meinungen, die man von seinem Elende gefaßt hat, schwinden,

den, und man wird ihn vielleicht den Freigelassenen, die sich oft Unterhalt erbetteln müssen, vorziehen. In einem jeden Stande giebt es reiche und arme Menschen; also auch im Bauerstande. Es ist also unbillig, wenn man den durch Faulheit und Liederlichkeit arm gewordenen Bauer bloß dem Gutsbesitzer zum Vorwurf machen will, ohne zugleich seine Aufmerksamkeit auf den fleißigen und wohlhabenden zu richten, und darnach den wahren Zustand eines lief- und ehstländischen Bauers zu beurtheilen. Man sehe doch denselben in den Kirchen, auf den Jahrmärkten, in den Krügen, auf Hochzeiten und dann, wenn er unbemerkt bei einem Schmause sich selbst überlassen ist. Wie wohlgemuth er sich denn in einem seinem Stande gemäßen Ueberfluß zeiget. Sein Weib und seine Kinder sind gut gekleidet. Das Weib ist oft mit großen silbernen Zierrathen behangen, und man sieht Mägdchen, die zehn und mehrere

Rubel=

Rubelstücke am Halse hängen haben. Alles dieses sind nicht Zeugnisse seines Elendes, sondern seines Wohlstandes und einer Verfassung, in der er, wenn er seine Pflichten erfüllt, als Bauer so glücklich wie möglich seyn kann.

Ich wünsche, daß diese wenigen Blätter dem Herrn Verfasser des gedachten Buchs von der Sklaverei, eine bessere Meinung von der Verfassung des lief- und ehstländischen Bauers geben und ihn überzeugen möchten, daß man auch mit den besten Absichten, von Vorurtheilen geleitet, oft in einer Sache zu weit gehen könne. Wie besonders die vom Richter der Niederrechtspflege jährlich vorzunehmende Inquisition einer von den Vorschlägen ist, der, so nüzlich er auch zu seyn scheinet, nur dazu dienen könnte, zwischen dem Herrn und seinen Bauren den Saamen des Hasses und der Zwietracht auszustreuen; denn bei diesen Untersuchungen

gen würde der Bauer allemal über etwas zu klagen haben, und der Herr würde sich immer vertheidigen müssen, und wenn lezterer sich würde vertheidigt haben, wer würde alsdenn wohl bei einem erbitterten Herrn der leidende Theil bis zur neuen Inquisition seyn? *) Würde nicht hiedurch das Band, das den Bauer an seinen Herrn bindet, zerrissen werden? Und gewiß ist es dasselbe, das einen liebreichen Vater an seine Kinder und Hausgenossen bindet.

Ich könnte hier auch einige Vorschläge machen, wie eins und das andere eingeführt und verbessert werden könnte. Ich bescheide mich aber dessen, einer weisen Regie-

---

*) S. S. 188. Warum soll der Bauer nicht gleich klagen? warum soll er ein ganzes Jahr die Bedrängnisse seines Herrn dulden? Wofür sind denn die Niederland-Gerichte bestellt, und sitzen in diesem Gericht nicht auch Bauren?

Regierung vorzuschreiben, wie Sie Land und Leute regieren soll. Die einsichtsvolle Männer, denen das Wohl Lieflands anvertraut ist, wissen es zu gut, daß vielleicht hier und dort kleine Mißbräuche obwalten, aber sie wissen auch: daß sich nicht alles plötzlich ändern läßt, ohne die Rechte des einen oder des andern zu verlezzen, und vielleicht dadurch Verwirrung im Ganzen anzurichten. Man überlasse doch diesen und der Zeit, die bereits viele Verbesserungen in Lief- und Ehstland hervorgebracht hat, unsere Verfassung auf den vollkommensten Grad menschlicher Ordnung und Glückseligkeit zu bringen, und vergesse nie dabei: daß alte Gebräuche und Gewohnheiten so lange ehrwürdig bleiben müssen, bis etwas Vollkommeners erfunden worden, das den alten Einrichtungen vorzuziehen wäre.

Zum Beschluß erlaube man mir eine kleine Ausschweifung.

Ich

Ich habe sowohl den Bauer als seinen Herrn bei meinen Berechnungen ihrer beiderseitigen Einkünfte, in einem blühenden Zustande gezeigt und vorausgesetzt, daß ergiebige Erndten beider Fleiß belohnt haben. Aber wenn durch Mißwachs, Hagel und Viehseuche der Bauer zu Grunde gerichtet, und der Herr, statt eine reiche Erndte einzusammlen, von seinen Feldern kaum so viel gewinnt, daß er sein Haus mit dem Nothwendigen versorgen und seine Saaten bestreiten kann; dabei aber doch alle Kronslieferungen richtig abliefern, seine Bauren ernähren, und noch überdem die Kopfsteuer für selbige bezahlen muß; wie sieht es denn mit dem Bauer und seinem Herrn aus? Und wer ist es dann, der den ersteren in seiner Noth unter die Arme greift, und ihm bei seinem eigenen Elende das lezte hingiebt, um ihn, wo nicht in einen ganz glücklichen, doch erträglichen Zustand zu setzen? Wer anders wohl, als der sogenannte

nannte raffinirte Herr! und dann weint dieser von allen Seiten gepreßte Herr oft eine stille Thräne im Verborgenen und schäzt sich unglücklicher wie sein Bauer, der, nachdem er diesen mit allem geholfen, oft selbst vergebens um Hülfe seufzt. Alsdann ist das Stückchen Brod, worüber der Bauer, nach dem Ausdruk des Herrn Verfassers, *) Tränen fallen läßt, demjenigen vorzuziehen, das der Herr mit Gefahr des Verlustes seines ganzen Vermögens genießt; denn einige dergleichen unglükliche Jahre können ihn nötigen, sein Grundstük mit dem Rükken anzusehen; dahingegen sein Bauer wegen des Besitzes seines Landes hinlänglich gesichert ist, und von dem Gutseigenthümer nie ohne Hülfe gelassen wird.

Und alle die hier angeführte Verbindlichkeiten des Herrn gegen seinen Bauer
sollten

*) S. S. 134.

ſollten leztern gegen erſtern zu nichts verbinden? Nur immerhin entlaſſe man dem Erdenſohn aller ſeiner Pflichten und gebe ihm auch, wenn man will, ſeine Freiheit; aber nur nehme man auch nicht demjenigen ſein Eigenthum, der es für ſein baares Geld gekauft, geerbt oder auch für die dem Staate geleiſteten Dienſte als eine Belohuung erhalten hat.

Schloß-Oberpahlen,
gedruckt bei Grenzius und Kupzau.

www.ingramcontent.com/pod-product-compliance
Lightning Source LLC
Chambersburg PA
CBHW030005240426
43672CB00007B/831